भूख आग है

यह नाटक क्यों ?

यह भूमिका लिखते हुए मुझे यूं महसूस हो रहा है जैसे उम्र के इस अन्तिम दौर में मुझ से कोई ऐसी अप्रत्याशित और किसी क़दर अशोभनीय हरकत हो गयी हो जिसके लिए मुआफ़ी मांगना या जिसकी कोई सफ़ाई पेश करना नितांत आवश्यक हो। अगर इस उम्र में मैंने अचानक दाढ़ी-मूंछ बढ़ा ली होती या अपनी प्यारी पुरानी पत्नी को छोड़ किसी न्यारी नयी कमसिन से ब्याह रचा लिया होता तो शायद मुझे कुछ कुछ ऐसा ही महसूस होता।

वैसे हक़ीक़त यह है कि **भूख आग है** मेरी पहली नाटकीय हरकत नहीं। हां, इतना ज़रूर है कि इससे पहले मेरे किसी नाटक को पुस्तक का आकार प्राप्त नहीं हुआ। अपने लेखन के आरम्भिक दौर में कुछ रेडियो नाटक लिखे थे। उनमें से दो तीन ज़्यादा 'बुरे' भी नहीं थे, एक शायद अच्छा भी था। लेकिन उनकी मूल प्रेरणा क्योंकि कुछ पैसा कमा लेने की कामना और लाचारी से ही मिला करती थी, इसलिए कलात्मक दृष्टि से वे प्रयास मुझे संदिग्ध नज़र आते थे। इसीलिए शायद मैंने उन्हें प्रकाशित करने से परहेज़ किया है। उसी ज़माने में एक बाक़ायदा नाटक भी लिखा था। उसे कुछ वर्षों तक संवारता निखारता भी रहा। अल्काज़ी समेत कुछ निर्देशकों ने उसे प्रस्तुत करने की योजनाएं भी बनायीं लेकिन कोई योजना पूरी नहीं हुई, जिसका एक कारण शायद यह भी था कि मैं खुद यहां से गायब हो अमरीका में जा बैठा था, चुप मार कर। उस गुमनाम नाटक का अता-पता कुछ पुराने रंगकर्मी अभी भी मुझसे पूछते रहते हैं लेकिन मैं अब उसका नाम तक नहीं लेता—हां, अन्दर कहीं अब भी यह इरादा पनप रहा है कि किसी रात उसपर फिर हाथ उठाऊंगा, उसे कोई नया नाम और रूप देने का प्रयास करूँगा।

उस नाटक के बाद, बरसों बाद, मैंने एक और नाटक भी लिखा था। वह **हाय हाय क्यों** के नाम से **कल्पना** में प्रकाशित भी हुआ था। उसे भी कुछ निर्देशकों ने पढ़ा था, एक दो ने उसे खेलना भी चाहा, और अन्त में वह बलराज पण्डित के निर्देशन में कुछ शामों के लिए दिल्ली में खेला भी गया। मैं तब भी अमरीका में पड़ा हुआ था लेकिन उस नाटक की प्रताड़ना की खबरें मुझे वहां पहुंचा दी गयी थीं। **हाय हाय क्यों** को भी नया नाम और रूप देने का ख़ाम और ख़ुफ़िया इरादा है।

हाय हाय क्यों के बाद मैंने नाटक के कांटे को मन से एकदम निकाल एक तरफ़ फेंक दिया हो, ऐसी बात नहीं। बात असल में यह है कि, जा नहीं सकता कभी शीशे में बाल आया हुआ। कुछ उपन्यासकारों के भीतर एक अदम्य नाटकनवीस बैठा रहता है–शुरू से आखिर तक–और अवसर पाते ही अपने करतब दिखाने की कोशिश शुरू कर देता है, ऐसे करतब जो उपन्यासकार के करतबों से कुछ भिन्न होते हैं, ऐसे करतब जिनमें उसे सफलता कम ही मिलती है। मुझे हेनरी जेम्ज़ (Henry James) याद आ रहे हैं, जिन्होंने पांच असफल नाटक लिखे, उस वक़्त जब वह बतौर उपन्यासकार उस्ताद का दरजा हासिल कर चुके थे। और जेम्ज़ जायस (James Joyce) जिन्होंने एक ही (असाधारण) नाटक लिखा–**एग्ज़ाइल्ज़** (Exiles)–जिसे कुछ सरफिरे अभी तक कहीं न कहीं खेलते रहते हैं। और सेम्युअल बेकिट (Samuel Beckett) जिनके नाटक-कार ने उनके उपन्यासकार को कुछ पीछे हटा दिया, हालांकि उनके उपन्यास उनके नाटकों की अपेक्षा अधिक गहरे और सारगर्भित हैं।

तो मेरे भीतर भी एक भीरु-सा नाटक-कार शुरू से ही बैठा हुआ है और अब वह अपनी भीरुता को बहादुरी में बदल देने की कोशिश कर रहा है और मैं देखना चाहता हूं कि उसकी यह कोशिश क्या गुल खिलाती है।

भूख आग है का बीज जिस गुज़रे ज़माने की ज़मीन से उड़ कर मेरे ज़ेहन में आ रुका उसमें मैं जवान था और अपने अनेक जवान साथियों की तरह सुर्ख़ सवेरे और सुनहरे वर्गहीन समाज के स्वप्न देखा करता था–ऐसे समाज के जिसमें ग़रीबी नहीं होगी, शोषण नहीं होगा, ऊंचनीच नहीं होगी, नफ़रत नहीं होगी, भूख नहीं होगी। उन्हीं दिनों इपटा–इन्डियन पीपल्ज़ थिएटर एसोसिएशन–का एक तराना हमारी ज़बान पर चढ़ आया था जिसके कुछ बोल हैं :

भूख आग है
भूख आग गोलियों से
बुझ न पाएगी

फैल जाएगी
जेल भेज दोगे
जेल को जलाएगी
हो
भूख आग है...

पान खा कर, और कभी-कभी बीयर पी कर, और सर पर काल्पनिक कफ़न बांध कर, हम लोग मस्ती में सड़कें नापते थे और इस तराने को अलापते थे—मुट्ठियां तान कर, आंखें ऊपर तने आकाश पर जमा कर। और कभी-कभी अनायास आंखों में आंसू उतर आते थे। और उन आंसुओं की झिलमिलाहट के उस पार सुर्ख सवेरे की किरणें दिखायी दिया करती थीं।

भूख आग है में उसी बीते युग की याद की यंत्रणा है, उन्हीं स्वप्नों की राख में फूंक मारने की कोशिश है, उसमें बची-दबी किसी चिंगारी की तलाश है। एक तरफ़ यह नाटक उन स्वप्नों का मरसिया है तो दूसरी तरफ़ उन्हें जिलाए रखने के लिए एक तराना है। जिस विचारधारा ने और जिस क्रान्ति ने उन स्वप्नों को जन्म दिया था उनका अन्त हो चुका हो या न हो चुका हो, उनसे मेरा मोहभंग बरसों पुराना है, लेकिन उन महान स्वप्नों का न मेरे लिए अन्त हुआ है, न उनसे मेरी आसक्ति का।

भूख आग है एक विडम्बना-प्रधान नाटक है। इसकी विडम्बना बहुत संश्लिष्ट है। इसका यथार्थ 'यथार्थवादी' नहीं, इसका विचार 'विचारधारावादी' नहीं। मैं आशा करता हूं इसके पाठक और निर्देशक और दर्शक इसका सरलकरण नहीं करेंगे।

—**कृष्ण बलदेव वैद**

भूख आग है

पात्र

ममी	बुढ़िया
बच्ची	भूखी बच्ची
पापा	बूढ़ा
कुछ भूखे लोग	

पहला दृश्य

[एक खाते-पीते घर के खाने-पीने का बड़ा भद्दा-सा कमरा। क़ीमती बदसूरत फ़रनीचर, क्राकरी, पर्दे, दीवारों पर बेज़ौक तस्वीरें जो ज़्यादा क़ीमती भी नहीं। मिठाइयों, समोसों, बिस्कुटों वग़ैरह की भरमार, इतनी कि कम-अज़-कम कुछ दर्शकों को उबकाइयाँ आ जाएँ। पापा और मम्मी खा-पी रहे हैं, बच्ची शायद खा-पी चुकी है और खाने की मेज़ पर ही झुकी हुई एक कॉपी में कुछ लिखने की कोशिश कर रही है। इतवार का दिन है, सुबह के ग्यारह बजे हैं। पापा की उम्र पैंतीस-चालीस, मम्मी की तीस-पैंतीस, बच्ची की बारह-चौदह। मम्मी (बोलने से पहले तक़रीबन हर बार कुछ-न-कुछ उठाकर मुँह में डाल लेती है, मानो ख़ाली मुँह बात करना उसके लिए असम्भव हो। जो कुछ वह कहती है, ख़ुराक से लथपथ-सा होता है।) इतना होमवर्क ! छोटी-सी बच्ची पर इतना बोझ ! बेचारी आराम से कुछ खा-पी भी नहीं सकती। इसका स्कूल...।]

बच्ची : ममी, मैं खा-पी चुकी हूँ। मुझे अपने एस्से पर काम...

ममी : इसका स्कूल चेंज करवा दो !

पापा : डार्लिंग, सब स्कूल एक जैसे !

ममी : तो अ़पना एक स्कूल क्यों नहीं खोल लेते ?

पापा : इस धन्धे में कमाई तो है, डार्लिंग, लेकिन कम। कोई ख़ास फ़ायदा नहीं। मुझे मोटा माल चाहिए। बिग मार्जिन ! बिग प्रॉफ़िट !

ममी : तुम्हें तो बस हर वक़्त फ़ायदे की ही पड़ी रहती है।

पापा : और तुम्हें बस खाने-पीने की।

बच्ची : आप दोनों मुझे डिस्टर्ब करते रहेंगे तो मेरा होमवर्क...

ममी : उफ़, इतना होमवर्क ! और वह भी हिन्दी में ! अब हिन्दी भी कोई सब्जेक्ट रह गया है, आजकल के ज़माने में ! इसीलिए मैं कहती हूँ इसकी हिन्दी मैडम को हटवा दो।

बच्ची : नहीं, पापा, प्लीज़ ऐसा मत करना ! मेरी हिन्दी मैडम बहुत क्यूट है, वह तो हिन्दी की लगती ही नहीं। बहुत स्मार्ट है, एकदम ! आई लव हर !

पापा : बिटिया, मैं किसी दिन तुम्हारे स्कूल जाकर उससे मिलूँगा, उससे बात करूँगा, कहूँगा इतना होमवर्क न दिया करे, और...

ममी : ख़बरदार, जो तुम उससे मिले तो ! मैं मर गयी हूँ ? यह काम मेरा है, मैं मिलूँगी उससे और...

बच्ची : नो ममी नो, प्लीज़ ! तुम मत मिलना उनसे !

ममी : क्यों ?

बच्ची : मैडम डर जाएँगी !

ममी : डर जाएंगी ? क्या मैं डायन हूँ ?

पापा : *(हँसते हुए)* वह तो तुम हो ही ! माई डार्लिंग ड़ायन !

ममी : *(हँसते हुए)* और तुम क्या हो ! माई डार्लिंग डाकू !

बच्ची : *(हँसते हुए)* वाह ! क्या बात है ! माई डार्लिंग ममी-पापा ! कितने क्यूट निकनेम्ज़ हैं। मैं हिन्दी मैडम को बताऊँगी।

ममी : उसका नाम मत लो, बिटिया ! पता नहीं क्या जादू कर दिया है उसने इस भोली-भाली बच्ची पर !

बच्ची : ममी, वह बहुत क्यूट है ?

ममी : मैं किसी दिन उसे भी खा जाऊँगी, कच्चा !

बच्ची : ममी, प्लीज़ नो ! आई लव माई हिन्दी मैडम।

पापा : माई डार्लिंग बिटिया !

ममी : *(पापा की नक़ल उतारते हुए)* माई डार्लिंग बिटिया !

बच्ची : आप लोगों को जोक्स सूझ रहे हैं और मुझे अपना होमवर्क करना है।

पापा : हम अपनी बिटिया के लिए एक ऐसा ट्यूटर रख लेंगे जो सारा होमवर्क फटा-फट कर दिया करेगा।

ममी : नेवर ! ट्यूटर से तो कम्प्यूटर बेटर ! सेफ़र !

पापा : हम अपनी बिटिया को कम्प्यूटर भी ले देंगे, ट्यूटर भी।

ममी : कम्प्यूटर येस, ट्यूटर नो। नेवर ! ट्यूटर बदमाश होते हैं। आलवेज़ ! मेरा एक ट्यूटर होता था, वेरी बैड !

पापा : अच्छा तो यह बात ! माई डार्लिंग डायन छिपी रुस्तम भी। ख़ैर इस मामले के बारे में मैं पूछताछ फिर कभी करूँगा। अपनी बिटिया के लिए तो हम लेडी ट्यूटर ही रखेंगे। आई मीन गवर्नेस !

बच्ची : पापा, मेरी हिन्दी मैडम को ही क्यों नहीं...

ममी : ओवर माई डेड बॉडी ! नेवर ! तुम बहुत इन्नोसेंट हो बिटिया, तुम्हारे पापा परले दर्जे के चालाक ! अपनी ऐश का इन्तज़ाम शुरू कर दिया ! अभी से !

पापा : अभी से क्या मतलब ?

बच्ची : हाँ, ममी, अभी से क्या मतलब ?

ममी : नेवर माइंड !

बच्ची : ममी, प्लीज़ !

ममी : बस, तुम्हारे पापा बहुत बदमाश हैं !

पापा : तुम्हारे उस ट्यूटर की तरह ? मैं उस बास्टर्ड का पता लगाऊँगा। क्या नाम था उसका ?

बच्ची : *(गाकर)* पापा इज़ जैलस !

ममी : अपनी बिटिया की मैडम पर डोरे डालना चाहते हो ? कुछ तो शर्म करो !

बच्ची : डोरे डालने का मतलब ?

पापा : बिटिया, तुम अपना होमवर्क करो !

बच्ची : मैं हिन्दी मैडम से पूछ लूँगी, मतलब इस फ़्रेज़ का।

ममी : इस पगली पर तो हिन्दी मैडम का भूत सवार है।

पापा : और तुम पर अपने उस ट्यूटर का।

बच्ची : मेरा एस्से कैसे कम्पलीट होगा !

पापा : *(ममी से)* खा-खाकर तुम्हारी अक़्ल भी मोटी हो गयी है।

ममी : और तुम्हारी कमा-कमाकर।

पापा : अगर मैं कमाऊँ नहीं तो तुम इतना खाओगी कैसे ?

ममी : कमाओगे नहीं तो करोगे क्या ? और कुछ कर भी सकते हो तुम ? बच्ची के सामने मुँह मत खुलवाओ मेरा।

पापा : माई डार्लिंग डायन, नाराज़ क्यों होती हो ?

ममी : माई डार्लिंग डाकू, नाराज़ कौन हो रहा है ?

बच्ची : पापा, मुझे भूख...

पापा : क्या खाएगी मेरी बिटिया रानी ? केक ? चाकलेट ? पेस्ट्री ? पीज़ा ? केन्टकी फ्राई ? हैमबर्गर ? फ्रैंच फ्राई ? चिकिन च्याओ म्याओं ? पुडिंग ? चिकन टिक्का ? टार्ट ? बोलो क्या खाओगी ?

बच्ची : एवरीथिंग।

ममी : मैं भी एवरीथिंग। शाबाश बिटिया !

बच्ची : लेकिन पहले मुझे यह बताओ, पापा, भूख होती क्या है ? उसकी डेफ़िनीशन क्या है ?

ममी : लेकिन तुम्हें करना क्या है इस सबका ?

बच्ची : हिन्दी मैडम के लिए भूख पर एस्से लिखना है। कल देना है।

ममी : भूख पर एस्से !

बच्ची : ममी, प्लीज़, तुम चुपचाप खाती रहो। पापा...

पापा : बिटिया, तुम खाओ, पियो, मौज उड़ाओ, अपनी ममी की तरह, तुम्हें भूख की चिन्ता क्यों ड़ो ? वह हो तुम्हारे दुश्मनों को।

बच्ची : यह तो ठीक है, पापा, मुझे एस्से तो लिखना ही लिखना है।

ममी : इस हिन्दी मैडम को हटवाना होगा।

पापा : ऐसे टॉपिक नहीं देने चाहिये उस मैडम को। अमीरों का स्कूल

है, कोई ख़ैराती स्कूल थोड़े ही है।

ममी : अमीरों के स्कूल में हिन्दी पढ़ायी ही क्यों जाये ? कामचलाऊ हिन्दी अपने-आप आ जाती है।

पापा : असली काम तो अब सब अँग्रेज़ी में ही होता है।

बच्ची : पापा, हमारी हिन्दी मैडम अँग्रेज़ी भी बोलती है। फटा-फट। वह घोंचू नहीं। आई मीन शी इज़ वेरी स्मार्ट !

पापा : उसका फ़ोन नम्बर है तुम्हारे पास ?

ममी : ख़बरदार !

पापा : अरे बाबा, मैं उस से बात करना चाहता था कि वह क्यों...

ममी : अरे हटो ! मैं सब जानती हूँ। तुम उससे फ़्लर्ट करना चाहते हो।

बच्ची : अच्छा तो डोरे डालने का मतलब फ़्लर्ट करना।

पापा : स्मार्ट गर्ल !

बच्ची : *(अनुनय से)* बताओ ना, पापा, भूख क्या होती है ?

पापा : बिटिया, एक भूख तो वही होती है जिसे अँग्रेज़ी में ऐपिटाइट कहते हैं। और वह भूख तुम्हारे सामने बैठी है। तुम्हारी ममी—ऐपिटाइट की खाती-पीती हट्टी-कट्टी तस्वीर।

बच्ची : पापा, प्लीज़ बी सीरियस। मुझे यह एस्से कल देना है।

पापा : *(अपनी ही धुन में)* अजीब बात है हिन्दी में इस भूख के लिए अलग कोई वर्ड ही नहीं। ऐपिटाइट को भी भूख, हंगर को भी भूख। घोड़ी-गधी एक बराबर हमारी बेचारी हिन्दी में। अजीब बात है कि नहीं ?

ममी : माई डार्लिंग डाकू, यह तुम किधर बहक गये ?

बच्ची : पापा, मुझे हंगर वाली भूख पर ही एस्से लिखना है, ऐपिटाइट वाली पर नहीं। बताओ ना, वह वाली भूख क्या होती है ?

पापा : बताऊँगा, बताऊँगा, लेकिन पहले मुझे इस पुआइंट पर सोचने दो। *(सोचते हुए)* यह पुआइंट शायद ही पहले किसी को सूझा हो—हिन्दी में, बेचारी हिन्दी में ऐपिटाइट और हंगर के लिए एक ही वर्ड। मैं इस पुआइंट का पेटेंट बनवा लूँगा और फिर इसे एक्सपोर्ट करूँगा, एक्स्प्लायट करूँगा, लोगों को

लूटूँगा।

ममी : माई डार्लिंग डाकू, किस पुआइंट को ? कुछ हमें भी तो बताओ ?

पापा : बता तो रहा हूँ, माई डार्लिंग डायन ! तुम सुनो, समझो तो ना ! हिन्दी में ऐपिटाइट के लिए अलग वर्ड शायद इसलिए नहीं कि हिन्दुस्तान में, या कम-से-कम हिन्दी बोलनेवाले हिन्दुस्तान में, हंगर बहुत ज़्यादा है, ऐपिटाइट बहुत कम। नहीं, शायद इसलिए कि हंगर और ऐपिटाइट का डिफ्रेंस ही नहीं रहा। साबित हुआ कि हिन्दी हंगरी लोगों की ज़बान है। इसलिए जो लोग हंगरी नहीं, वो अँग्रेज़ी ही बोलते हैं, उन्हें अँग्रेज़ी ही बोलनी चाहिये। मेरा मतलब है ज़्यादा-से-ज़्यादा, जहाँ तक पॉसिबल हो।

ममी : डार्लिंग, तुम्हारा दिमाग़ हिल गया है।

पापा : *(अपनी ही धुन में)* अभी वर्क करना पड़ेगा इस पुआइंट पर। लेकिन पक्की बात है कि ब्रिटिश काउंसिल जैसी कोई फ़ोरेन आर्गेनाइज़ेशन मुझे इसके लिए लाखों पाउंड देने पर रेडी हो जायेगी।

ममी : क्यों ? उनका दिमाग़...

पापा : तुम नहीं समझोगी। तुम्हारे दिमाग़ पर चरबी चढ़ी...

बच्ची : पापा, प्लीज़ बताओ ना हंगर वाली भूख क्या होती है ?

पापा : *(अपनी ही धुन में)* मैं ब्रिटिश काउंसिल से इंडिया में इंगलिश के प्रचार का ठेका...

ममी : माई डार्लिंग ठेकेदार डाकू !

बच्ची : पापा, प्लीज़, हंगरवाली भूख पर एस्से...।

ममी : मैं उस हिन्दी मैडम का क़ीमा बना कर उसे...।

बच्ची : बट आई लव हर।

पापा : बिटिया, तुम्हें इस टॉपिक पर नहीं लिखना चाहिए। हंगर वाली भूख पर हंगरी लोग लिखें एस्से हिन्दी में। तुम्हें तो ऐपिटाइट पर अँग्रेज़ी में ही लिखना चाहिए।

बच्ची : मुझे कल देना है यह एस्से हिन्दी मैडम को।

पापा : तुम वरी मत करो, मैं कल तुम्हारे स्कूल जाकर...

ममी : ख़बरदार !

पापा : तुम तो सचमुच की डायन बनती जा रही हो, डार्लिंग।

ममी : बी सीरियस ! उस हिन्दी मैडम को डिसमिस करवा दो।

बच्ची : बट आई लव हर।

पापा : बिटिया, तुम वरी मत करो। *(ममी से)* डार्लिंग, अब बन्द भी कर दो खाना।

बच्ची : ममी, आजकल तो पतले लोग भी डायटिंग कर रहे हैं।

पापा : बिटिया ठीक कहती है।

ममी : बिटिया को क्या पता मेरी कंडीशन का ?

बच्ची : मुझे पता है। यू आर प्रेगनेंट, राइट ?

ममी : *(चौंक कर)* रियली ! इसे किसने बताया ?

बच्ची : पापा ने।

पापा : झूठी बिटिया।

ममी : बोलो, किसने बताया ?

बच्ची : मैं देख नहीं सकती क्या ?

पापा : अच्छा, अब तो पोल खूल ही गयी तुम्हारी, अब इसे यह भी बता दो, इसका भाई आ रहा है।

बच्ची : मुझे वह भी पता है।

ममी : रियली ? वह कैसे ?

बच्ची : डाक्टर अंकल की मिन्नी ने बताया था।

ममी : रियली !

बच्ची : मुझे बच्ची मत समझो। मुझे सब पता है कि कैसे पता चलता है कि लड़का होगा या लड़की।

ममी : इसका स्कूल चेंज करवा दो।

पापा : स्कूल के पीछे क्यों पड़ी हुई हो ? स्कूल बुरा नहीं। सब बड़े-बड़े डाकुओं के बच्चे उसी स्कूल में जाते हैं। और अबव ऑल, हमारी बिटिया को स्कूल पसन्द है। है, ना ?

बच्ची : येस, पापा !

ममी : *(नक़ल उतारते हुए)* येस, पापा !

बच्ची : *(गाकर)* ममी इज़ जैलस।

पापा : स्मार्ट बिटिया !

ममी : मैं अपने लाल को उस स्कूल में नहीं भेजूँगी।

पापा : क्यों ?

ममी : वह हिन्दी मैडम, डैम हर, उस पर भी डोरे डाल लेगी।

बच्ची : *(गाकर)* ममी इज़ जैलस।

ममी : मैं अपने लाल को कभी भूख पर एस्से नहीं लिखने दूँगी।

बच्ची : तो उस बुद्धू का नाम लाल होगा ?

ममी : ख़बरदार, जो मेरे बेटे को बुद्धू कहा तो।

पापा : स्मार्ट बिटिया !

ममी : मैं अपने बेटे को न हिन्दी सिखाऊँगी न हंगर की नॉलिज होने दूँगी।

बच्ची : हिन्दी मैडम कहती हैं हर हिन्दुस्तानी को हिन्दी और हंगर का नॉलिज होना चाहिए।

पापा : हर हिन्दुस्तानी को नहीं, हर हंगरी हिन्दुस्तानी को।

ममी : कल वह कहेगी हर हिन्दुस्तानी को हंगर का एक्सपीरिएंस भी होना चाहिए। उसे डिसमिस करवाना होगा, डार्लिंग, नहीं तो मैं हंगर-स्ट्राइक कर दूँगी।

पापा : इम्पॉसिबल ! यू एंड हंगर-स्ट्राइक !

बच्ची : पापा, हिन्दी मैडम हंगरी हिन्दुस्तानी नहीं—आई थिंक शी कम्ज़ फ्रॉम ए रिच फ़ेमिली—लेकिन उसे हिन्दी का भी नॉलिज है, हंगर का भी, अँग्रेजी का भी। शी इज़ क्यूट !

पापा : इसीलिए तो मुझे लगता है कुछ गड़बड़ है। इसीलिए तो मैं उससे मिलना चाहता हूँ।

ममी : ख़बरदार !

बच्ची : पापा, मैं आपको उसका फ़ोन नम्बर ला दूँगी।

ममी : ख़बरदार !

बच्ची : बट ममी, शी इज़ क्यूट।

ममी : आई हेट क्यूटीज़ ! मैं अपने लाल को किसी और स्कूल में...

पापा : पैदा तो हो लेने दो उसको।

ममी : पैदा तो अब हो ही जायेगा, लेकिन उसका नाम तो अभी से दर्ज करवाना होगा।

पापा : अरे, सब हो जायेगा, मैं हूँ ना, तुम्हारा डार्लिंग डाकू !

ममी : अपने-आप कैसे हो जायेगा ?

पापा : वरी मत करो। सब हो जाएगा। तुम खाओ-पिओ लेकिन *(धीमी आवाज़ में)* कुछ कम वर्ना...

बच्ची : हाँ, ममी, सच। नहीं तो पता है डिलिवरी डिफ़िकल्ट हो जायेगी।

पापा : स्मार्ट !

ममी : *(हैरानी से)* रियली, हद हो गयी !

बच्ची : हिन्दी मैडम कहती हैं...

ममी : बस, बस ! *(पापा से)* मेरे लाल का नाम किसी ऐसे स्कूल में दर्ज करवा दो जहाँ न हिन्दी हो न हिन्दी मैडम !

बच्ची : लेकिन, ममी, लाल नाम स्मार्ट नहीं।

ममी : बस, बस, डोंट बी टू स्मार्ट ! पापा ने सर पर चढ़ा रखा है तुम्हें !

बच्ची : *(गाकर)* ममी इज़ जैलस !

ममी : डार्लिंग, मेरे लाल का नाम...

पापा : कह दिया ना, हो जायेगा !

ममी : कैसे हो जायेगा !

पापा : पैसे से और कैसे ? पैसे से और एप्रोच से। जैसे और सब काम होते रहे। जैसे इस महल के लिए ज़मीन मिली। जैसे तुमसे शादी हुई। जैसे तुम्हारे भाई को इतना बड़ा काम दिलवा दिया। जैसे बिटिया का दाख़िला हुआ। जैसे वह हर साल पास होती है। जैसे तुम प्रेग्नेंट हुईं...!

बच्ची : लेकिन पैसे से प्रेग्नेंसी कैसे ? वह तो...

ममी : बस, बस !

पापा : अरी मेरी भोली बिटिया, सिम्पल-सी बात है। पैसा न होता तो तुम्हारी ममी का इलाज कैसे होता ? लाखों लग गये तब जाकर...

मम्मी : बस, अब रहने भी दो !

बच्ची : पापा, अगर पैसे और एप्रोच से सब कुछ हो सकता है तो मेरा एस्से क्यों नहीं हो सकता ?

पापा : कौन कहता है नहीं हो सकता !

बच्ची : तो फिर हो क्यों नहीं रहा ?

मम्मी : क्योंकि हम चाहते हैं न हो !

पापा : हम नहीं चाहते हमारी बिटिया हंगर पर एस्से लिखे।

बच्ची : मैं आप दोनों से कुट्टी कर दूँगी।

पापा : न, बिटिया, न !

बच्ची : मैं कह रही हूँ मुझे यह एस्से कल देना है।

पापा : तो ठीक है मैं अभी जाकर ख़रीद लाता हूँ एक ए-वन एस्से। कहो तो सारी दुकान ख़रीद लाऊँ।

बच्ची : पापा, बी सीरियस, प्लीज़ !

पापा : ख़रीदने की भी क्या ज़रूरत है, मैं कहीं से लूट क्यों न लाऊँ ?

मम्मी : यह हुई ना बात ! माई डार्लिंग डाकू।

बच्ची : पापा, मम्मी का निकनेम 'डायन' तो ठीक, क्योंकि वह इतना खाती हैं, सबको खा जाने की धमकी देती हैं, लेकिन आप 'डाकू' क्यों ?

पापा : क्योंकि मैं सबको लूटता हूँ।

बच्ची : सच ?

पापा : बाई गॉड ! मुझे अगर पकड़े जाने का डर न हो तो मैं सारी दुनिया को लूट लूँ।

मम्मी : मुझे अगर फट जाने का डर न हो तो मैं सारी दुनिया को खा जाऊँ।

बच्ची : मेरे अच्छे पापा ! मेरी अच्छी मम्मी !

पापा-मम्मी : *(एक आवाज़ हो)* हमारी अच्छी बच्ची !

पापा : अच्छा बिटिया, यह बताओ तुम बड़ी होकर डायन बनोगी या डाकू ?

मम्मी : डोंट बी सिल्ली, डार्लिंग ! बिटिया तो डायन ही बनेगी, डाकू तो मेरा लाल बनेगा।

बच्ची : ज़माना चेंज हो गया है, ममी !

पापा : बिटिया ठीक कहती है, अब डाकुओं की औलाद डायन भी बन सकती है, डाकू भी।

ममी : मैं नहीं मानती। इन ऐनी केस, मेरा लाल तो डाकू ही बनेगा, डायन नहीं।

बच्ची : मैं तो डायन भी बनूँगी, डाकू भी। घर में डायन, बाहर डाकू।

पापा : शाबाश बिटिया !

ममी : शादी किससे करोगी ?

बच्ची : ऑफ़ कोर्स, किसी डाकू से। पापा जैसे किसी बड़े और हैंडसम डाकू से।

पापा : स्मार्ट !

ममी : *(नक़ल उतारते हुए)* समार्ट !

बच्ची : *(गाकर)* ममी इज़ जैलस।

ममी : अगर डायन बनना है तो कुछ खाओ, पियो और मोटी हो जाओ, अभी से।

बच्ची : मैं पतली डायन बनूँगी। मॉडर्न डायन !

पापा : स्मार्ट !

ममी : मेरा लाल भी स्मार्ट होगा।

पापा : अरे भई, वह लाल मेरा भी तो होगा।

ममी : बिटिया तो आख़िर सूनर या लेटर अपने डाकू हस्बेंड के घर... ।

बच्ची : क्वाइट पॉसिबल, मैं शादी ही न करूँ। हिन्दी मैडम की तरह।

ममी : उस डायन का इस पर बुरा असर।

पापा : नहीं बेटी, मैरिज तो करनी ही होगी।

बच्ची : *(अपनी ही धुन में)* और ममी, ज़रूरी नहीं तुम्हें बेटा ही हो।

ममी : क्या कहा ?

पापा : बिटिया तुम्हें टीज़ कर रही है।

बच्ची : नहीं, पापा, मैं सीरियस हूँ।

ममी : हमने वह टेस्ट करवा लिया है–क्या अजीब-सा नाम है उसका ?

बच्ची : मुझे पता है लेकिन टेस्ट रांग भी तो हो सकता है। हिन्दी मैडम कहती है हमारे इन्डिया में सब कुछ रांग हो रहा है।

ममी : ऐसा मत कहो। डैम हिन्दी मैडम !

पापा : हाँ बिटिया, ऐसा मत कहो।

ममी : हमें दूसरी बेटी नहीं चाहिये।

बच्ची : ममी-पापा, एक बात पूछूँ ? *(ममी-पापा ख़ामोश रहते हैं।)* अगर टेस्ट से पता चलता बेटी हो रही है तो आप दोनों क्या करते ?

ममी : *(सोचने के बाद)* कुछ नहीं। बस समझते हमारी क़िस्मत।

बच्ची : तो टेस्ट करवाया क्यों ?

ममी : यह तो एक फ़ैशन मानो।

बच्ची : हिन्दी मैडम कहती है टेस्ट में लड़की निकले तो लोग एबॉर्शन करवा लेते हैं। वह कहती है..

ममी : डार्लिंग, इस मैडम को डिसमिस करवा दो।

पापा : वह ऐसी बातें क्यों करती है ?

बच्ची : बिकॉज़ वह स्मार्ट हैं, क्यूट हैं, कहती हैं...

ममी : मैं किसी दिन जाकर उसकी क्यूटनेस का कचूमर...

बच्ची : *(ममी की नक़ल उतारते हुए) ख़बरदार !*

पापा : *(हँसते हुए)* हमारी प्यारी बिटिया !

[लम्बा वक़्फ़ा।]

बच्ची : पापा, अब इधर-उधर की कोई बात नहीं होगी। अब मेरी हेल्प करनी होगी। बताओ, हंगर वाली भूख क्या होती है ?

पापा : बिटिया, होमवर्क में हेल्प हमेशा ममियाँ करती हैं।

बच्ची : ममी को तो खाने से ही फ़ुरसत नहीं।

ममी : आज तुम लोग इतना डिस्टर्ब कर रहे हो, मेरा कोटा पूरा नहीं हो रहा।

पापा : कमी किस चीज़ की रह गयी ?

ममी : केलों की।

पापा : कितने खा चुकी हो ?

ममी : पाँच

पापा : कितने और खाने हैं ?

ममी : सात।

पापा : वॉट ए वोमन !

बच्ची : वॉट ए ममी !

ममी : कल से मैं अपने कमरे में खाऊँगी। दरवाज़ा बन्द करके। आराम से।

बच्ची : पापा, भूख क्या होती है ?

पापा : लाल पेट में पड़ा-पड़ा ही कुप्पा...

ममी : डोंट बी वल्गर !

बच्ची : डिलिवरी डिफ़िकल्ट हो जायेगी।

ममी : हो जाये। मैं भूख को मारकर भूखी रहूँ ? नेवर ! नहीं होगा तो सिज़ेरियन करवा लेंगे।

पापा : शाबाश !

बच्ची : पापा, अब और बातें बन्द ! बताओ, भूख क्या होती है, हंगर वाली ?

पापा : भूख...भूख...हंगर..भूख...आइड्या ! ख़ाली पेट की पुकार।

बच्ची : वेरी नीट, पापा !

पापा : अच्छा तो अब मैं चलूँ।

बच्ची : नो, पापा, नो !

ममी : कहाँ जाना है ?

पापा : डाका डालने। असल में आज एक इम्पॉर्टेंट मीटिंग है।

बच्ची : उसे केंसल करना होगा।

पापा : अगर बात बन गयी तो...

ममी : बनेगी क्यों नहीं बात। उसका बाप भी बनेगा, नहीं तो मैं उस बात को कच्चा खा जाऊँगी।

बच्ची : लेकिन आज तो इतवार है।

पापा : बहुत शुभ दिन होता है इतवार। सब बड़े-बड़े मुर्ग़े और गुर्गे घर बैठे मिल जाते हैं।

बच्ची : लेकिन मेरा एस्से !

पापा : बता तो दिया। ख़ाली पेट की पुकार।

बच्ची : बट, पापा, वह इनफ़ नहीं। वह तो सिर्फ़ टाइटल हुआ। मुझे तीन पेज लिखने हैं। आप आज कहीं नहीं जाएँगे। बस, यह मेरा ऑर्डर है।

पापा : तो ठीक है, नहीं जाएँगे। आप का डाका अगले संडे।

बच्ची : थैंक्स ए मिलियन, पापा !

ममी : तो उस मीटिंग का क्या होगा ?

पापा : वह आज नहीं होगी और क्या ! सब कुछ से पहले अपनी बिटिया रानी।

ममी : देखो, बिटिया, पापा को जाने दो। लूट-खसोट नहीं होगी तो मुश्किल हो जायेगी। एस्से तो मैं भी लिखा सकती हूँ। बस यह सब चटम कर लूँ...

बच्ची : नहीं, मम्मी, फिर तुम्हें नींद आ जायेगी।

ममी : नींद आ जायेगी तो हॉट कॉफ़ी पी लूँगी।

बच्ची : फिर तुम्हें भूख लग जायेगी।

ममी : भूख तो मुझे हमेशा, हर वक़्त लगी रहती है।

बच्ची : अच्छा, ममी, तुम मुझे हंगर और ऐपिटाइट का डिफ़्रेंस बता दो। मैं उसे भी अपने एस्से में डाल दूँगी।

पापा : अगर बता दोगी तो बीस कबाब इनाम !

ममी : सिर्फ़ बीस ! डोंट यू डेअर इंसल्ट माई ऐपिटाइट !

बच्ची : अगर तुम लड़ने लगे तो...

ममी-पापा : *(मिलकर)* लड़ें हमारे दुश्मन।

पापा : हम एक हैं।

ममी : हमारी एम्बिशंज़ एक-सी।

पापा : हमारी वैल्यूज़ एक-सी।

ममी : हमारी इनहिबिशंज़ एक-से।

पापा : हमारे ड्रीम्ज़ एक-से।

ममी : हमारे जोक्स एक-से।

पापा : हमारे फ़ोबियाज़ एक-से।

ममी : हमारे फ्रेंड्ज़ एक-से।

बच्ची : फ़ोबियाज़ मतलब ?

पापा : फिर बताऊँगा।

ममी : अभी हमें मत रोको।

पापा : हमारा रिदम टूट जायेगा।

ममी : हम एक हैं।

पापा : हमारे नारे एक-से।

ममी : हमारे सारे एक-से।

ममी-पापा : *(मिलकर)* हम एक हैं।

ममी : मज़ा आ गया।

पापा : मुझे भी।

ममी : लगता है जैसे पाँच किलो आम चूस लिये हों।

पापा : हमारी ऐपिटाइट एक-सी नहीं।

बच्ची : *(गाकर)* हंगर और ऐपिटाइट भी एक नहीं। इनका डिफ़्रेंस कौन बतायेगा ?

पापा : ममी को इनाम लेना है तो वही...

ममी : हंगर और ऐपिटाइट में वही डिफ़्रेंस है जो एक भिखारिन में और मुझ में।

पापा : शाबाश ! बीस कबाब जीत लिये तुमने।

बच्ची : लेकिन मैं अपने एस्से में यह डिफ़्रेंस कैसे डालूँगी ? मुझे मैटर चाहिए, और मैटर चाहिए। मीटी मैटर चाहिए। मैं हिन्दी मैडम को इम्प्रेस करना चाहती हूँ। वह समझती है मेरा दिमाग़ दाल के दाने बराबर है।

ममी : क्या कहा ! और तुम उसे लव करती हो।

बच्ची : वह कहती है अमीरों के बच्चे ऑफ़न बेवकूफ़ होते हैं। बिगड़े हुए बेवकूफ़।

पापा : तो वह ज़रूर ग़रीब की बेटी होगी।

बच्ची : नहीं, पापा !

ममी : ग़रीब की बेटी अमीरों के स्कूल में टीचर बन ही नहीं सकती।

पापा : तो फिर वह अमीरों के ख़िलाफ़ क्यों बोलती है ?

ममी : डार्लिंग, यह भी एक तरह का फ़ैशन हो गया है।

बच्ची : हिन्दी मैडम स्मार्ट है, फ़ैशनेबल है, लेकिन कहती है भूख...

ममी : बस, बस ! सब अमीरज़ादियों ने कोई-न-कोई शोशा पाल रखा है।

पापा : सबकी अपनी-अपनी एन.जी.ओ. है।

बच्ची : एन.जी.ओ. का मतलब ?

पापा : मतलब हिन्दी मैडम से पूछ लेना शायद उसकी भी अपनी एन.जी.ओ. हो।

ममी : तो, डार्लिंग, मुझे भी एक ले दो, ना। मैं हिन्दी मैडम से पीछे क्यों रहूँ ?

बच्ची : तुम लोग फिर हिन्दी मैडम के पीछे पड़ गये, मेरा एस्से...

पापा : अच्छा, तो पूछो जो पूछना है।

बच्ची : यह तो ठीक कि भूख ख़ाली पेट की पुकार है। लेकिन सवाल उठता है पेट ख़ाली हुआ क्यों, आई मीन, भूख है क्यों ?

ममी : मैं बताऊँ ?

बच्ची : अगर पापा माइंड न करें तो।

पापा : हम एक हैं, रिमेम्बर ?

ममी : भूख है क्योंकि भूखे हैं।

बच्ची : लेकिन भूख क्यों है ?

ममी : क्योंकि भूख है।

पापा : इसे ही इंगलिश में सरकुलर रीज़निंग कहते हैं या शायद टाटालोजी।

ममी : डोंट बी वल्गार, डार्लिंग !

बच्ची : मैं कुछ नहीं समझी।

ममी : थैंक गॉड !

पापा : वैसे टाटालोजी का ठीक-ठीक मीनिंग मुझे भी भूल गया है।

ममी : थैंक गॉड !

बच्ची : मैं हिन्दी मैडम से पूछूँगी।

ममी : ख़बरदार, यह वर्ड डर्टी है।

पापा : नहीं, डार्लिंग, सिर्फ़ डिफ़िकल्ट है।

बच्ची : पापा, आप तो डाकू हैं, आपको इतने डिफ़िकल्ट वर्ड कैसे आते हैं ?

पापा : बिटिया मैं पढ़ा-लिखा डाकू हूँ।

ममी : तो यह वर्ड डर्टी नहीं ?

पापा : नहीं, डार्लिंग। टाटालोजी ! तुम इसे किसी दूसरे वर्ड से कन्फ़्यूज़ कर रही हो।

बच्ची : मैं समझ गयी।

पापा : *(हैरान होकर)* तुम समझ गयी ?

बच्ची : यह वर्ड टाटा से बना होगा। टाटालोजी। और इसका मीनिंग होगा ऐसी बात कह देना जिसका कोई मीनिंग न हो, जैसे कि ममी की वह बात—भूख है क्योंकि भूखे हैं, भूखे हैं क्योंकि भूख है। इस बात में से मीनिंग टा-टा कह कर भाग गया, इसीलिए यह टाटालोजी है।

पापा : रीयल स्मार्ट !

ममी : मेरा लाल रीयल से भी ज़्यादा स्मार्ट होगा।

बच्ची : हिन्दी मैडम कहती है बेटी-बेटे में कोई फ़र्क़ नहीं करना चाहिये।

ममी : उस हिन्दी मैडम का भूत, उफ़्फ़ !

बच्ची : वह कहती है शायद ही कोई ऐसा घर हो जिसमें यह फ़र्क़ न होता हो।

पापा : हम तो अपनी बिटिया को बहुत लव करते हैं।

बच्ची : लेकिन जब वह लाल आ जायेगा तब क्या होगा ?

ममी : यह तो अभी से जैलस हो गयी !

पापा : तब भी कुछ नहीं होगा, बिटिया, वह अपनी जगह, तुम अपनी जगह।

बच्ची : लेकिन उसकी जगह बड़ी होगी, ऊँची होगी।

ममी : यह तो अभी से...

बच्ची : हिन्दी मैडम कहती है...

ममी : मैं कहती हूँ उस हिन्दी मैडम को हटवाना होगा।

बच्ची : वह कहती है...

पापा : अब उसे भूल भी जाओ, बिटिया !

बच्ची : तो टैल मी भूख क्यों हैं ?

ममी : मैंने बता तो दिया।

बच्ची : वह टाटालोज़ी है, नहीं चलेगी।

पापा : मैं अभी सोचकर बताता हूँ।

ममी : तुम सोचकर भी नहीं बता सकोगे।

बच्ची : नॉटी ममी !

पापा : *(सोचते हुए)* भूख है क्योंकि पावर्टी है।

बच्ची : पावर्टी क्यों है ?

ममी : क्योंकि लोग मेहनत नहीं करते।

बच्ची : लोग मेहनत क्यों नहीं करते ?

ममी : क्योंकि वो कामचोर हैं।

बच्ची : वो कामचोर क्यों हैं ?

ममी : क्योंकि वो मेहनत नहीं करते।

बच्ची : फिर टाटालोजी, नहीं चलेगी। पापा आप बताओ पावर्टी क्यों है ?

पापा : *(सोचते हुए)* पावर्टी है क्योंकि प्रापर्टी है।

बच्ची : मैं समझी नहीं।

ममी : मैं भी

पापा : *(सोचते हुए)* समझता तो शायद मैं भी नहीं।

बच्ची : तो फिर...

पापा : काश आज मेरे पापा होते ! और मेरी ममी !

ममी : डार्लिंग, यह बेमौक़ा याद क्यों ?

बच्ची : पापा, यू मीन मेरे दादा-दादी ?

पापा : हाँ बिटिया ! उन्हें सब मालूम था। भूख क्या है, क्यों है ? पावर्टी क्या है, क्यों है ? इन्हें दूर कैसे किया जा सकता है। प्रापर्टी का पावर्टी से क्या कनेक्शन है उन्हें सब मालूम था।

बच्ची : सच ?

पापा : उन्हें भूख और पावर्टी के बारे में सब बड़े-बड़े फ़ारमूले फ़र-फ़र याद थे।

बच्ची : फ़ारमूले ?

पापा : उन्हीं में से एक यह था—पावर्टी है क्योंकि प्रापर्टी है।

बच्ची : तो वो प्रापर्टी के अगेंस्ट थे ?

पापा : हाँ, बिटिया ! प्राइवेट प्रापर्टी के।

ममी : डार्लिंग, ये उल्टी-सीधी बातें बिटिया को क्यों...

बच्ची : तो वो आप लोगों की तरह डाकू और डायन नहीं थे ?

पापा : वो दोनों टीचर थे। तुम्हारी हिन्दी मैडम की तरह। हिन्दी पढ़ाते थे।

ममी : उफ़ !

बच्ची : सच ? मुझे पहले क्यों नहीं बताया ? मैं हिन्दी मैडम को...

ममी : उफ़ !!!

बच्ची : फिर तो वो भी भूख पर एस्से लिखवाते होंगे ?

पापा : लिखवाते भी थे, ख़ुद भी लिखते थे। एस्से भी और गीत-नाटक वग़ैरह भी। नारे भी लगाते थे, भाषण भी देते थे, जुलूस भी निकालते थे, भूख-हड़तालें भी करते थे, इश्तहार भी बाँटते थे, अख़बारें भी बेचते थे और भी बहुत कुछ करते थे।

ममी : डार्लिंग, अब और नहीं। मैं कहती हूँ नो मोर नानसेंस।

बच्ची : पापा, एक बात पूछूँ ?

पापा : हाँ, बिटिया !

बच्ची : अगर आपके पापा-ममी मतलब मेरे दादा-दादी को मालूम था कि पावर्टी को कैसे दूर किया जा सकता है तो उन्होंने उसे दूर क्यों नहीं किया ?

पापा : बिटिया, बात इतनी आसान नहीं।

ममी : अब इस बात को बदल भी दो, डार्लिंग !

बच्ची : नहीं ममी, मुझे मज़ा आ रहा है। मैं ये सब अपने एस्से में डाल दूँगी।

ममी : नहीं बिटिया, प्राइवेट बातें एस्से में नहीं डालते।

बच्ची : अच्छा बाबा, नहीं डालूँगी।

पापा : वो दोनों आख़िर तक भूख और पावर्टी को दूर करने के सपने देखते रहे। मुझे अपने सपने सुनाते रहे।

बच्ची : वो ख़ुद क्या पूअर थे ?

पापा : पूअर तो नहीं थे लेकिन रिच भी नहीं थे।

बच्ची : पापा, आपने भी कभी एस्से लिखा था, भूख पर ?

ममी : क्यों बच्ची का दिमाग़ ख़राब कर रहे हो ?

बच्ची : लिखा था ?

पापा : हाँ, बिटिया !

बच्ची : वह आपको याद नहीं ?

पापा : नहीं, बिटिया !

ममी : बस, अब और नहीं।

बच्ची : तुम्हें कहीं जाना है तो जाओ, मम्मी। मुझे मज़ा आ रहा है।

ममी : अच्छा, तो तुम दोनों बैठो, मज़े लो। मुझे इन बेतुकी बातों और यादों में कोई दिलचस्पी नहीं। मैं जा रही हूँ।

पापा : कहाँ ?

ममी : केलों का कोटा पूरा करने। *(जाती है।)*

[लम्बा वक़्फ़ा।]

बच्ची : आपको उन लोगों के कुछ सपने तो याद होंगे ?

पापा : कभी थे, अब नहीं।

बच्ची : उनके कुछ गाने तो याद होंगे ?

पापा : कभी थे, अब नहीं।

बच्ची : एक और बात पूछूँ, पापा ?

पापा : पूछो।

बच्ची : आप बिज़नेसमैन मतलब डाकू क्यों बन गये ?

पापा : क्योंकि मैं अपने पापा-ममी की तरह सपने नहीं देखना चाहता था—भूख और पावर्टी के बारे में, उन्हें दूर करने के बारे में।

मैं पैसे कमाना चाहता था, ऐश करना चाहता था, अपनी बीवी और बिटिया को ऐश करवाना चाहता था, यह महल बनवाना चाहता था, चार मोटरें, नौकर-चाकर...

बच्ची : अगर आप इतने बड़े बिज़नेसमैन मतलब डाकू न बन गये होते तो क्या बनते ?

पापा : क्या पता ? शायद भूखों का लीडर बन गया होता।

बच्ची : फिर आपको भी भूखा रहना पड़ता ?

पापा : ज़रूरी नहीं।

बच्ची : क्यों कोई डाकू भूखों का लीडर बन सकता है ?

पापा : क्यों नहीं। आजकल तो डाकू ही भूखों के लीडर हैं।

बच्ची : और डाकुओं की बेटियाँ ?

पापा : स्मार्ट गर्ल ! लेकिन अब छोड़ो इन बातों को। ममी ठीक कहती है, नो मोर नानसेंस।

बच्ची : पापा, यह नानसेंस नहीं। मैं भी अपने दादा-दादी की तरह सपने देखना चाहती हूँ—भूख और पावर्टी को दूर करने के सपने।

पापा : वो सपने अब कोई नहीं देखता।

बच्ची : मेरी हिन्दी मैडम ज़रूर देखती होंगी।

पापा : हो सकता है। लेकिन उन सपनों का कोई फ़ायदा नहीं।

बच्ची : अगर दादा-दादी आज होते तो वो भी देखते।

पापा : हाँ, वो तो ज़रूर देखते। आख़िर तक देखते रहे। लेकिन क्या फ़ायदा हुआ उनको ? या किसी और को ?

बच्ची : पापा, सपनों में भी आप फ़ायदा क्यों ढूँढते हैं ?

[लम्बा वक़्फ़ा।]

पापा : तो अब उठें।

बच्ची : अभी नहीं, पापा, अभी तो मेरे एस्से की आउटलाइन भी

नहीं बनी पूरी। पापा, अभी-अभी मुझे एक ओरिजिनल आइड्या आया है, बताऊँ ?

पापा : ज़रूर बताओ।

बच्ची : ऐसा करते हैं कि अब हम दोनों आँखें बन्द कर के भूख के बारे में सोचते हैं, मेडिटेट करते हैं, कि भूख क्या है, क्यों है, उसे कैसे मिटाया ज़ा सकता है। और फिर बाद में हम दोनों नोट्स कम्पेअर करेंगे, ओके ?

पापा : *(हँसते हुए)* ओके !

बच्ची : रेडी ?

पापा : रेडी।

बच्ची : गेट सेट ! वन, टू गो !

[प्रकाश कुछ धीमा हो जाता है। दोनों की आँखें बन्द हो जाती हैं। कुछ क्षण बाद उनकी सोच पार्श्व से केसिट पर सुनायी देती है, पहले पापा की। सोच के अन्त के करीब दोनों की सोच को एक-साथ सुनवाया जाये।]

पापा : *(सोच की आवाज़ गम्भीर)* भूख बीमारी रूट काज़ पावर्टी की रूट काज़ प्रापर्टी पापा-ममी के वो सपने वह क्या थ्योरी थी हाँ सरप्लस वैल्यू शोषण की रूट काज़ लेकिन अब कौन पूछता है और फिर फूल-सी बच्ची को क्यों हेलो मैडम हाउ आर यू मैं एक बड़ा भारी बिज़नेसमैंन उर्फ़ डाकू ख़बरदार सोचना आसान नहीं बिटिया भूख को मारा तो जा सकता है मिटाया नहीं वह क्या गाना होता था ममी-पापा के ज़माने का...भूख आग है...

बच्ची : *(सोच की आवाज़ बड़ों की-सी)* भूख ख़ाली पेट की पुकार हिन्दी मैडम हैरान ब्रिलियेंट कहूँगी मेरे पापा भी कहूँगी मेरे दादा-दादी आख़िर तक सपने हिन्दी मैडम खुश कहेगी आई वांट टु मीट भूख हंगर वाली लेकिन पापा डाकू...

पापा : *(पहले की तरह)* मेरे पापा-ममी रांग भूख राम की माया कर्मों का फल भूखे सब कामचोर मैं हिन्दी मैडम को हेलो मैडम आउ आर यू मेरी फूल-सी बच्ची क्या जाने भूख हंगर वाली

भूख भीख देने से ही दूर नहीं भूख आग गोलियों से खूब याद आया पापा का फ़ेवरिट गाना फैल जायेगी जेल भेज दोगे...

बच्ची : *(पहले की तरह)* पेपर बेचनेवालियों की भूख नकली ममी कहती है मिमियाना उनकी आदत तो क्या असली भूख कहीं नहीं क्याा मेरे दादा-दादी के सपने कभी नहीं पापा कहते हैं क्या फ़ायदा मैडम क्या आपको भी सपने...

पापा : *(पहले की तरह)* बिटिया इस एस्से को इतना सीरियसली क्यों आजकल कौन सोचता है सपने लेता है रूस में अब भूख भिखारी रूस पापा-ममी का फ़ादरलैंड मेरा नहीं मैं डाकू सब डाकू मैडम छोड़ो यह सब बिटिया कहती है आप क्यूट लेकिन मैडम यह एस्से क्यों बी सीरियस यार...

[सोच धीमी होती है, तो ममी आ धमकती है, नयी पोशाक में, ज़ेवरों से लदी हुई।]

ममी : तुम लोग समाधि लगाये बैठे हो और मैं भूख से मरी जा रही हूँ।

बच्ची : पापा, अब ममी 'भूख' को हंगर की सेंस में यूज़ कर रही हैं।

पापा : नहीं, बिटिया, वह सिर्फ़ एक मुहावरा यूज़ कर रही हैं।

बच्ची : मुहावरा मतलब ?

पापा : इडियम !

बच्ची : आई सी।

ममी : सोचने का कोई फ़ायदा नहीं। हम लोग खाने-पीने-ऐश उड़ाने के लिए पैदा हुए हैं, सोचने के लिएं नहीं। सोचें हमारे दुश्मन। सोचने से ऐपिटाइट मर जाती है। और जब ऐपिटाइट मर जाती है तो हंगर पैदा हो जाती है।

बच्ची : नीट ! मैं इसे भी यूज़ करूँगी, अपने एस्से में।

ममी : मैं बताऊँ भूख क्यों है ?

बच्ची : कोई नया आइड्या आया ?

ममी : मैं बताऊँ भूख को कैसे मिटाया जा सकता है ?

बच्ची : रहने दो ममी, तुम मज़ाक कर रही हो और...

ममी : अच्छा, रहने दिया। लेकिन मुझे अपने इनाम के वो बीस कबाब चाहिये।

पापा : क्या मेमोरी है !

ममी : अभी। चलो जामा मस्जिद।

पापा : इसी वक़्त ?

ममी : इसी वक़्त। चलते हो कि चिल्लाऊँ ?

पापा : केलों के बाद कबाब।

बच्ची : वाट ए ममी !

पापा : वाट ए वोमन !

बच्ची : वैसे कबाब तो मुझे भी अच्छे लगते हैं, नाम सुनते ही मुँह में पानी आ जाता है।

ममी : तो फिर चलो जामा मस्जिद।

बच्ची : हाँ, चलो जामा मस्जिद।

ममी : चटपटे कबाब खाएँगे।

बच्ची : शामी और सीख दोनों।

पापा : तो चलो जामा मस्जिद।

ममी : भूख के बारे में सोच-सोच कर डिप्रेस हो गये।

बच्ची : वहाँ से कुछ भूखों को पकड़ लाएँगे।

पापा : स्मार्ट गर्ल !

बच्ची : किराये पर।

ममी : लेकिन क्यों ?

बच्ची : उनसे मुझे मैटर मिलेगा। एकदम असली। मीटी मैटर।

पापा : मेरी जीनियस बिटिया !

ममी : मेरा डाकू डार्लिंग !

बच्ची : मेरी चटपटी ममी !

पापा : मेरी मोटी मेम !

ममी : चलो जामा मस्जिद।

बच्ची-पापा : हाँ, चलो जामा मस्जिद।

दूसरा दृश्य

[जामा मस्जिद के आस-पास कहीं कबाब वग़ैरह की एक मशहूर दुकान के सामने खड़े या बैठे ममी, पापा और बच्ची। दुकान या दुकानदार को दिखाना ज़रूरी नहीं। वातावरण–आवाज़ें, गन्ध, कैफ़ियत–किसी भी सम्भव तरीक़े से बना लिया जाये। खाने का सामान–कबाब, टिक्के, बर्रे वग़ैरह–तीनों के सामने आता रहे, ख़त्म होता रहे। तीनों ताबड़तोड़ खायें, ममी सबसे ज़्यादा। तीनों के पचाकों की आवाज़ें दर्शकों को सुनायी दें। खाने का सामान रखनेवालों की सूरतें और बाँहें दिखायी जा सकती हैं। तीनों के इर्दगिर्द धीरे-धीरे भूखों का एक घेरा-सा बनता जाता है। भूखों के हाथ फैले हुए हैं, होंठ हिल रहे हैं, आँखें फटी जा रही हैं। ममी, पापा और बच्ची पहले तो खाने में मस्त और भूखों से बेख़बर रहते हैं, फिर जब उनका पेट भरने लगता है तो वे आँख उठाकर उनकी तरफ़ यूँ देखते हैं जैसे उनमें से कुछ को चुन रहे हों।]

[सारा दृश्य तीन मिनिट से ज़्यादा न ले।]

[भूखों की पुकार पहले मिनिट के दौरान शुरू होकर धीरे-धीरे ऊँची होती जाती है और तीसरे मिनिट के अन्त तक इतनी ऊँची हो जाती है कि ममी, पापा और बच्ची और कुछ दर्शकों को कानों पर हाथ रख लेने पड़ते हैं।]

भूखों की पुकार के बोल हैं : हमें भी खा लो ना !

तीसरा दृश्य

[वही खाने-पीने का कमरा। अब तरह-तरह के फलों से अटा हुआ। बच्ची, ममी, पापा बात करते हुए कुछ-न-कुछ मुँह में डालते रहते हैं, ममी सबसे ज़्यादा। तीन भूखे—बूढ़ा, बुढ़िया, भूखी बच्ची—बँधुआ मज़दूरों की तरह सिकुड़े-सहमे खड़े हैं। भूखी बच्ची की उम्र बच्ची की उम्र के ही आस-पास, बूढ़े और बुढ़िया की पैंसठ के आस-पास। तीनों एक ही परिवार के दिखायी देते हैं, लेकिन हैं नहीं। उनकी निगाहें कभी फलों पर जा बैठती हैं, कभी फल खानेवालों के हिलते हुए जबड़ों पर—मक्खियों की तरह। उनके चेहरों पर तो भिखारियों की मिस्कीन मुलायमत पुती हुई हैं, लेकिन उनकी आँखों से बीच-बीच में अचानक आग-सी फूटती हुई महसूस होती है।]

पापा : तो बिटिया, अब तो खुश हो। ऐसे असली भूखे जामा मस्जिद में ही मिल सकते थे। अब ले लो जितना मैटर लेना है इनसे। माइक, कैसेट रिकार्डर वग़ैरा सब सेट हो गया है। पूछ लो जो कुछ पूछना है। बाद में सब कांट-छांट के बाद टाइप हो जायेगा।

बच्ची : ये लोग माइंड तो नहीं करेंगे ?

पापा : माइंड क्यों करेंगे ? हम इन्हें पे कर रहे हैं। और फिर पेट भर खाने को भी देंगे।

ममी : डोंट ओवरडू इट, डार्लिंग।

बच्ची : ममी, प्लीज़ !

ममी : तुम इन लोगों को नहीं जानतीं। आँखें तो देखो इनकी। कैसे देख रहे हैं। जैसे खा ही तो जायेंगे।

बच्ची : ममी, प्लीज़ !

ममी : रोज़ आ जाया करेंगे, मुँह उठाकर।

पापा : डार्लिंग, बच्ची को लेने दो इंटरव्यू इनका। तुम अपना कोटा पूरा करो।

बच्ची : थैंक यू, पापा !

तीनों भूखे : *(एक साथ, धीमे स्वर में, गाकर)* हम कल से भूखे हैं।

पापा-ममी-बच्ची : क्या कहा ?

बुढ़िया : जी, कुछ नहीं।

बूढ़ा : जी, कुछ नहीं।

भूखी बच्ची : जी, कुछ नहीं।

बूढ़ा : जी, हम तो बिटिया को असीस दे रहे थे।

ममी : ख़बरदार, जो हमारी बच्ची को बिटिया कहा तो !

बुढ़िया : तो क्या कहें ?

ममी : ख़बरदार, जो हमारे घर में भूख का नाम लिया तो।

बूढ़ा : अजीब औरत है।

ममी : क्या बका ?

बच्ची : ममी, प्लीज़ बी रीज़नेबल ! भूख का नाम नहीं लेंगे तो मुझे हेल्प कैसे करेंगे ?

ममी : उफ् ! कितनी स्टिंक फैल गयी है कमरे में।

पापा : डार्लिंग, हम दूसरे कमरे में क्यों नहीं चले जाते ? फल वहीं...

ममी : बच्ची को इनके पास छोड़ कर ? नेवर।

पापा : बिटिया तुम पूछना शुरू करो।

बच्ची : पहले ममी प्रामिज़ करें इन्टरप्ट नहीं करेंगी।

ममी : अब ज़्यादा नख़रे मत करो। बड़ी लाड़ली बनती है पापा की।

आ लेने दो मेरे लाल को, फिर देखना...

पापा : डोंट बी सिली, डार्लिंग !

ममी : डोंट यू काल मी सिली इन फ्रंट ऑफ़ दीज़ बगर्ज़।

बच्ची : इन्हें इंगलिश नहीं आती

भूखी बच्ची : इन दोनों का मुझे पता नहीं, मुझे तो आती है।

ममी : *(गुस्से से)* सुन लिया।

बच्ची : यह तो और भी अच्छा है। आई कैन कम्यूनिकेट विद हर।

भूखी बच्ची : कम ऑन, आई ऐम रेडी !

बूढ़ा : एक बात कहूँ, मेम साब, हम बेगर्ज़ हैं, बगर्ज़ नहीं।

बच्ची : वाह ! हिन्दी मैडम सुनेगी तो हैरान रह जायेगी।

ममी : ये लोग भिखारियों के भेस में पता नहीं कौन हैं।

पापा : जो भी हों, हैं इन्टेलिजेंट।

ममी : तुम्हें तो मेरे सिवा सभी इंटेलिजेंट नज़र आते हैं।

बच्ची : ममी, प्लीज़, डोंट बी...

ममी : ख़बरदार, जो मुझे सिली कहा तो।

बूढ़ा : बिटिया सिली नहीं जैलस कहने वाली थी।

बच्ची : अरे वाह !

ममी : मैं कहती हूँ ये असली भिखारी नहीं।

पापा : तो क्या हुआ ! हम कौन-सा इन्हें ख़रीद रहे हैं।

ममी : लेकिन ये अगर असली नहीं तो इनका मैटर भी असली नहीं होगा।

बच्ची : ममी, प्लीज़, मुझे बात करने दो।

ममी : लेकिन, बिटिया, अगर ये अँग्रेज़ी जानते हैं तो इन्हें क्या पता होगा भूख के बारे में।

पापा : ममी ठीक कह रही हैं।

बच्ची : अँग्रेज़ी जाननेवाले क्या भूखे नहीं हो सकते ?

ममी : नहीं ! हमारे देश में नहीं हो सकते।

बूढ़ा-भूखी बच्ची : नानसेंस !

ममी : क्या कहा ?

भूखी बच्ची : कहा नहीं, मुँह से निकल गया।

बच्ची : स्मार्ट !

ममी : ख़बरदार !

बुढ़िया : मेम साब, मैं असली हूँ, मुझे अंग्रेज़ी नहीं आती, एकदम नहीं आती।

ममी : तुम इन दोनों की क्या लगती हो ?

बुढ़िया : कुछ नहीं।

ममी : मैं नहीं मानती।

पापा : यह बूढ़ा तुम्हारा घरवाला नहीं ?

बुढ़िया : जब घर ही नहीं तो घरवाला कैसे होगा ?

ममी : साफ़ जवाब दो। बड़-बड़ मत करो।

बूढ़ा : यह मेरी वाइफ़ नहीं।

पापा : और यह बच्ची ?

बूढ़ा : यह भी मेरी कुछ नहीं लगती।

बूढ़िया : मेरी भी।

भूखी बच्ची : आई ऐम ऑल अलोन !

बच्ची : कमाल है।

ममी : सब झूठ !

बूढ़िया : हमें कुछ खाने को तो दे दो, मेम साब !

भूखी बच्ची : हमें पकड़ कर ले आये और अब हमारा टाइम वेस्ट कर रहे हैं।

बूढ़ा : प्रेशस टाइम।

भूखी बच्ची : हम प्रोफ़ेशनल हैं।

ममी : मुझे तो इनसे डर लग रहा है।

पापा : मैं हूँ ना, डरने की कोई ज़रूरत नहीं।

बच्ची : ममी, डायन होकर भी तुम भूखों से डरती हो ?

बूढ़ा-बुढ़िया-भूखी बच्ची : तो यह बात है। अब समझ में आया। यह डायन है !

बच्ची : अरे नहीं, मैं तो ममी को टीज़ कर रही हूँ।

ममी : *(पापा से)* देख ली अपनी लाडली की इडियॉसी।

भूखी बच्ची : *(बच्ची से)* तो तुम्हारी ममी का निकनेम डायन है ?

बच्ची : हाँ, और पापा का डाकू।

पापा : बिटिया, इन लोगों से इतनी इंटीमेसी ठीक नहीं।

ममी : मैं कहती हूँ ये लोग भूखे भिखमंगे नहीं, इन्हें चलता करो।

भूखी बच्ची : हम अपनी मज़दूरी लेकर जायेंगे।

बूढ़ा : अगर हम भिखमंगे नहीं तो कौन हैं ?

बुढ़िया : हुक्म के बादशाह, बेगम और सत्ती !
(हँसती है)

भूखी बच्ची : इतना शक्की भी नहीं होना चाहिए।

बच्ची : हाँ, ममी।

ममी : लो, यह भी जा मिली उनसे।

भूखी बच्ची : अगर शक ही करना था क्यों पकड़ लाये हमें ?

बुढ़िया : हमसे धोखा हुआ है।

ममी : और हमसे भूल। *(पापा से)* इन्हें चलता करो।

बूढ़ा : हम ख़ाली पेट नहीं लौटेंगे।

बुढ़िया : हम धरना देंगे।

भूखी बच्ची : हम भूख-हड़ताल कर देंगे।

बच्ची : भूखे भूख-हड़ताल भी कर सकते हैं ?

बूढ़ा : भूखे सब कुछ कर सकते हैं।

बुढ़िया : भूखों से बचकर रहना, बेटी !

भूखी बच्ची : भूखे सब कुछ कर सकते हैं।

ममी : *(पापा से)* इन्हें निकालो किसी तरह।

बुढ़िया : पेट की ख़ातिर सब कुछ कर सकते हैं।

बच्ची : यू मीन ख़ाली पेट की ख़ातिर।

भूखी बच्ची : हाँ ख़ाली पेट की ख़ातिर।

बच्ची : यू मीन ख़ाली पेट की पुकार की ख़ातिर ?

भूखी बच्ची : येस।

ममी : मुझे डर लग रहा है।

बच्ची : मुझे मज़ा आ रहा है।

पापा : नहीं, बिटिया, यह ठीक नहीं।

बच्ची : क्या ठीक नहीं, पापा ?

पापा : तुम इन्हें एनकरेज कर रही हो।

ममी : ये सर पर चढ़ रहे हैं।

पापा : जो पूछना है जल्दी-जल्दी पूछो और...

बच्ची : लेकिन पापा, ममी बार-बार...

ममी : उफ़, कितनी बदबू आ रही है।

बुढ़िया : अगर हम असली न होते तो हम से बदबू क्यों आती ?

बूढ़ा : वैसे अगर आप कहें तो हम नहा-धो लें, साफ़-सुथरे हो जायें। गुसलखाना किधर है ?

ममी : बको मत !

भूखी बच्ची : हमारी तरह रहना पड़े तो आप लोगों की ख़ुशबू फुर्र हो जाये।

ममी : बस, बस, बको मत।

बच्ची : ममी, प्लीज़ बी नाइस टू दि पूअर गर्ल।

भूखी बच्ची : *(बच्ची से)* तुम्हारी ममी का निकनेम कितना...

ममी : शटाप, यू लिटल बिच !

बूढ़ा : छोटी-सी बच्ची को गालियाँ देते शर्म नहीं आती ?

बुढ़िया : यह मत भूलो हम आपके मेहमान हैं।

ममी : मेहमान, माई फुट !

भूखी बच्ची : और मेहमान भगवान के समान होता है।

पापा : *(हैरानी से)* यह सब तुमने कहाँ से सीखा ?

भूखी बच्ची : हमारी क़िस्मत बेशक ख़राब है, दिमाग़ ख़ुदा के फ़ज़ल से ख़राब नहीं।

ममी : *(चौंककर लेकिन सँभलने की कोशिश करते हुए)* किसके क्या से ?

भूखी बच्ची : ख़ुदा के फ़ज़ल से।

ममी : तो तुम लोग मुसलमान हो।

बच्ची : ज़रूरी नहीं, ममी। मेरी हिन्दी मैडम हिन्दू हैं लेकिन कभी-कभी वह भी गॉड को ख़ुदा कह देती हैं।

ममी : तुम और तुम्हारी हिन्दी मैडम ! सारी मुसीबत की जड़ वही है।

भूखी बच्ची : इन दोनों का मुझे पता नहीं, मैं तो मुसलमान ही हूँ।

ममी : ये दोनों भी ज़रूर मुसलमान ही होंगे।

पापा : डार्लिंग, हैरान क्यों होती हो ? जामा मस्जिद के आस-पास तुम्हें हिन्दू भिखारी कैसे मिलेंगे ?

भूखी बच्ची : उसके लिए आपको बिरला मंदिर जाना चाहिये था।

बच्ची : लेकिन वहाँ कबाब नहीं मिलते।

बूढ़ा : *(पापा से)* सच बताऊँ साहिब, मैं असल में हिन्दू ही हूँ।

बुढ़िया : मैं भी।

बूढ़ा : यह दूसरी बात है कि बरसों से जामा मस्जिद के इलाके में भीख माँगता-माँगता मुसलमान दिखने लगा हूँ।

बुढ़िया : मैं भी।

बूढ़ा : और मेरी महक मुसलमानी हो गयी है।

बुढ़िया : मेरी भी।

बूढ़ा : कबाबों को सूँघ-सूँघकर।

बुढ़िया : जैसा माहौल वैसी महक।

बूढ़ा : और नहीं तो क्या।

ममी : यह तो ऐसे हाँ-में-हाँ मिला रहे हैं एक-दूसरे की, जैसे मियाँ-बीवी हों।

बुढ़िया : लेकिन हम हैं नहीं।

बूढ़ा : यह दूसरी बात है कि बरसों से साथ-साथ भीख माँगते-माँगते सोते-जागते हम मियाँ-बीवी जैसे ही हो गये हैं।

बुढ़िया : और नहीं तो क्या !

पापा : बस, बस ! तुम लोग बोलते बहुत हो।

[वक्फ़ा।]

बच्ची : पापा, बी पेशेंट, प्लीज़। मुझे मज़ा आ रहा है।

भूखी बच्ची : मुझे भी।

बच्ची : हालाँकि तुम भूखी हो।

ममी : यह कोई भूखी-वूखी नहीं।

भूखी बच्ची : तुम्हारी ममी सच बहुत शक्की है।

बच्ची : और तुम्हारी ममी ?

भूखी बच्ची : मेरी ममी मर गयी।

बच्ची : कैसे ? भूख से ?

भूखी बच्ची : और नहीं तो क्या ?

बूढ़ा : *(बात बदलने के लिए)* आप लोग भी तो हिन्दू हैं, हैं ना ? लेकिन मुस्लिम कबाब आप लोगों को अच्छे लगते हैं। मुझे भी।

बुढ़िया : मुझे भी।

भूखी बच्ची : मुझे तो ख़ेर लगते ही हैं, क्योंकि मैं तो मुसलमान हूँ।

पापा : तुम लोग कहना क्या चाहते हो ?

बूढ़ा : यही कि हम जामा मस्जिद के इलाक़े में भीख इसलिए माँगते हैं क्योंकि हमें कबाब अच्छे लगते हैं।

ममी : मैं नहीं मानती।

पापा : भिखारियों को कबाब कोई नहीं देता।

बुढ़िया : कबाब न सही, महक तो मिलती ही रहती है।

बूढ़ा : मुफ़्त में।

भूखी बच्ची : लेकिन महक से पेट नहीं भरता। उल्टा और ख़ाली हो जाता है।

बच्ची : मुँह में पानी आ जाता होगा ?

भूखी बच्ची : लार टपकने लगती है।

ममी : छी-छी !

बच्ची : ममी, प्लीज़ ! मुझे बहुत आइड्याज़ मिल रहे हैं।

भूखी बच्ची : मुफ़्त में।

बच्ची : अरे, मुफ़्त में नहीं। तुम्हें मज़दूरी मिलेगी। हलुआ-पूरी भी।

भूखी बच्ची : मुझे हलुआ-पूरी पसन्द नहीं।

बुढ़िया : मुझे भी नहीं।

बूढ़ा : मुझे भी नहीं।

भूखी बच्ची : मैं तो बटर-टोस्ट खाऊँगी।

बूढ़ा : मैं भी।

बुढ़िया : मैं भी।
ममी : नख़रे तो देखो इनके।
पापा : कौन कहेगा ये भिखमंगे हैं।
ममी : मुझे डर लग रहा है।
बच्ची : मुझे मज़ा आ रहा है।
भूखी बच्ची : मुफ़्त का मज़ा लेते शर्म नहीं आती ?
बूढ़ा : बटर-टोस्ट नहीं तो कबाब ही दो।
बुढ़िया : कबाब नहीं तो कबाब की महक ही दो।
भूखी बच्ची : कुछ तो दो।
बूढ़ा : अनार।
बुढ़िया : अंगूर।
भूखी बच्ची : आम।
बुढ़िया : आड़ू।
बूढ़ा : आलू-बुख़ारा।
भूखी बच्ची : चीकू।
बुढ़िया : पपीता।
बूढ़ा : लीची।
भूखी बच्ची : अनार।
बूढ़ा : वह मैं पहले माँग चुका हूँ।

[वक़्फ़ा।]

ममी : क्यों दें ? तुम हो कौन हमारे ? बेशर्म !
भूखी बच्ची : बेशर्म तो आप लोग हैं।
बुढ़िया : भूखों के सामने भेड़ियों की तरह खा रहे हो।
पापा : बको मत, बुढ़िया !
बच्ची : बी नाइस, पापा।
बूढ़ा : अगर यही करना था तो पकड़ क्यों लाये हमको ?

ममी : हमसे भूल हुई ?

बच्ची : पापा, प्लीज़, ममी को दूसरे कमरे में ले जाओ।

ममी : और तुम्हें इनके पास अकेली छोड़ जायें ? नेवर।

बुढ़िया : हम खा तो नहीं जायेंगे इसे।

पापा : बको मत, बुढ़िया !

[वक़्फ़ा।]

बच्ची : *(भूखी बच्ची से)* सबसे पहले मैं तुमसे पूछूँगी भूख के बारे में। हंगर वाली भूख के बारे में। उस भूख के बारे में जिसमें तुम लोग एक्सपर्ट हो। तुम माइंड तो...

भूखी बच्ची : अब पूछो भी, यार, जो पूछना है।

बच्ची : भूख की डेफ़िनीशन क्या है ? मतलब भूख होती क्या है ?

[भूखी बच्ची कुछ क्षण चुप रहने के बाद अदाकाराना अन्दाज़ में होठों को छूती है, हाथ फैलाती है, फिर पेट पर हाथ फेरती है, मोमी-सा मुँह बनाती है, और दीन-सी आवाज़ निकालने के बाद हँसना शुरू कर देती है।]

ममी : इसने तो भरतनाट्यम कर दिखाया।

बच्ची : ऐक्टिंग मत करो, बोलकर बताओ।

ममी : ऐक्टिंग कैसे न करे ! यह एक्ट्रेस है, भिखारिन नहीं।

पापा : प्लीज़, डार्लिंग, लीव दि गर्ल्ज़ अलोन !

ममी : वाह ! अब यह मुई भी गर्ल हो गयी।

भूखी बच्ची : और नहीं तो क्या ? आप समझती हैं मैं...

ममी : मैं कुछ नहीं समझती।

बुढ़िया : ठीक ही कहते हैं। मोटी की अक़्ल भी मोटी।

पापा : बको मत, बुढ़िया !

बूढ़ा : आप लोग बार-बार बेचारी बुढ़िया पर क्यों बरस रहे हैं ?

भूखी बच्ची : इतना भी क्या गुमान धन-दौलत का।

बुढ़िया : धन-दौलत आनी-जानी है।

बूढ़ा : यह दुनियां राम कहानी है !

भूखी बच्ची : मत इसमें मन तू लगा ममी !

ममी : उफ़्।

बच्ची : *(भूखी बच्ची से)* तो बताओ भूख क्या होती है ?

भूखी बच्ची : बता तो दिया।

बच्ची : दिखाओ नहीं, बताओ।

भूखी बच्ची : बताने की मज़दूरी ज़्यादा होगी।

बच्ची : बताने से दिखाना क्या ज़्यादा मुश्किल नहीं होता ?

भूखी बच्ची : होता होगा, लेकिन मेरे लिए बताना ज़्यादा मुश्किल है ?

बच्ची : क्यों ?

भूखी बच्ची : मुझे दिखाने की प्रैक्टिस ज़्यादा है।

बच्ची : क्यों ?

भूखी बच्ची : यार, तुम जिरह बहुत करती हो।

ममी : बदतमीज़ ! यार-यार मत कहो हमारी बिटिया को।

बच्ची : ममी, प्लीज़, तुम चुपचाप फल खाओ।

ममी : आज फल किसी काम के नहीं।

बुढ़िया : तो हम ले जायें सब ?

ममी : नेवर।

बुढ़िया : एक-एक केला ही दे दो।

बूढ़ा : गला-सड़ा।

पापा : सब्र करो। सब्र का फल मीठा।

बुढ़िया : हमें भिक्षा चाहिए, शिक्षा नहीं।

ममी : ये लोग भिखमंगे हो ही नहीं सकते। मुझे तो इनसे डर लग रहा है।

बूढ़ा-बुढ़िया-भूखी बच्ची : *(मिलकर, मोमी आवाज़ में, हाथ फैलाकर)* ए बाई ओ माँ ! ओ मेम साब ! दे दो ना ! हम कल से भूखे हैं बाई ! बाई ! माँ ! मेम साब...

बच्ची : क्या बात है। काश कि हिन्दी मैडम भी होती यहाँ।

भूखी बच्ची : उसे फ़ोन कर दो, आ जाये।

बच्ची : *(हँसते हुए)* तो तुम हमेशा इसी तरह ऐक्टिंग करके भीख माँगती हो ?

भूखी बच्ची : मैं साइलेंट ऐक्टिंग करती हूँ।

बच्ची : क्यों ?

भूखी बच्ची : क्योंकि गूँगी लड़की पर लोगों को दया जल्दी आ जाती है।

बच्ची : अच्छा, तो एक बार फिर दिखाओ भूख क्या होती है।

[भूखी बच्ची पहले की-सी अदाकारी। अबकी बार कुछ और बढ़ा-चढ़ाकर।]

बच्ची : *(हँसते हुए)* भई, वाह ! लेकिन मुझे तो हँसी आ रही है, दया नहीं।

भूखी बच्ची : तुमसे मुझे दया नहीं चाहिये।

बच्ची : क्यों ?

भूखी बच्ची : तुमसे मुझे मज़दूरी चाहिये। *(धीमी आवाज़ में)* और दोस्ती।

बच्ची : ममी ने सुन लिया तो...

ममी : मैं बहरी नहीं।

भूखी बच्ची : कभी-कभी मुझे बहरा भी बनना पड़ता है। बुद्धू भी।

बच्ची : फिर तो ममी ठीक ही कहती है। तुम लोग ऐक्टर हो।

भूखी बच्ची : भीख माँगना पेशा ही नहीं, कला भी तो है।

पापा : कला नहीं हरामख़ोरी भी।

भूखी बच्ची : पत्थर को मोम बनाने की कला।

ममी : लोगों की आँखों में धूल झोंकने की कला।

बच्ची : भूख...भीख...कला...हिन्दी मैडम खुश हो जायेगी।

बूढ़ा : इस छोकरी के लिए होगी कला, हमारे लिए तो मजबूरी है।

बुढ़िया : भीख न माँगें तो मर जायें।

पापा : कोई काम भी तो कर सकते हो।

ममी : काम तो इनके लिए मौत बराबर।

बुढ़िया : तुम दोगी हमें काम ?

बूढ़ा : अपने कपड़े धुलवाओगी हमसे ?

बुढ़िया : अपना आटा गुँधवाओगी ?

भूखी बच्ची : अपनी मालिश करवाओगी ?

ममी : तमीज़ से बोलो।

बुढ़िया : सीख देना आसान है।

पापा : तुम दोनों तो ख़ैर अब बूढ़े हो गये भीख माँगते-माँगते। तुम अब क्या काम करोगे। लेकिन यह लड़की चाहे तो...

ममी : बस चपर-चपर बोलना आता है इसको। कामचोर !

भूखी बच्ची : मैं कामचोर नहीं।

ममी : कामचोर भी होगी, चोर भी।

भूखी बच्ची : *(बच्ची से)* यह बहुत शक्की है, यार।

बूढ़ा : *(पापा से)* इसे रख लो साब, बहुत काम आयेगी।

बुढ़िया : आपकी बेबी का मन बहलायेगी।

बूढ़ा : इस लड़की में बड़े-बड़े गुण।

बुढ़िया : इसे गाना-बजाना सब आता है।

बूढ़ा : मालिश करना भी।

बुढ़िया : सीना-पिरोना भी।

बूढ़ा : नाचना भी।

बुढ़िया : नचाना भी।

[वक़्फ़ा।]

बच्ची : सच, पापा, रख लो ना ?

ममी : नेवर।

भूखी बच्ची : तो फिर काम करने की शिक्षा मत दो हमको।

बच्ची : हाँ, ममी।

ममी : नेवर

बुढ़िया : औरतों के दिल पत्थर के।

बूढ़ा : बुढ़िया ठीक कहती है।

पापा : बिटिया, अब हरी अप। फिर यह सब टाइप भी करवाना होगा, किसी मास्टर से दोबारा लिखवाना भी होगा, और...

बच्ची : हाँ, पापा, मैं तो भूल ही गई थी *(भूखी बच्ची से)* अच्छा, तो अब यह बताओ...

भूखी बच्ची : तो पहले सवाल का जवाब मिल गया ?

बच्ची : मिल तो गया लेकिन तुम्हारी ऐक्टिंग मतलब तुम्हारे उस पोज़ को डालूँगी कैसे अपने एस्से में ?

भूखी बच्ची : पैसे वाले सब कुछ कर सकते हैं।

बच्ची : क्यों, पापा ?

पापा : क्यों नहीं। हम इसके उस पोज़ की फ़ोटो खींचकर एस्से के साथ टाँक देंगे।

बच्ची : *(झूठ-मूठ रुआँसी होकर)* फिर तो वह फ़ोटा-एस्से बन जायेगा।

पापा : तो क्या हुआ ? फ़ोटो एस्से निरे एस्से से बेहतर।

बच्ची : हिन्दी मैडम न मानी तो ?

ममी : मानेगी कैसे नहीं ? मुझे साथ ले जाना।

बच्ची : न बाबा न।

पापा : तो मुझे साथ ले जाना।

ममी : ख़बरदार !

पापा : *(सोचते हुए)* इसके पोज़ के बजाय क्यों न इस लड़की की ही फ़ोटोकॉपी करवा ली जाये ?

बच्ची : बी सीरियस, पापा।

पापा : आई ऐम सीरियस।

बच्ची : वह होगा कैसे ?

पापा : पैसे से सब कुछ हो सकता है ?

भूखी बच्ची : मैं न कहती थी...

ममी : क्यों न इस लड़की को ही रख दें एस्से में ?

बच्ची : बी सीरियस, ममी।

ममी : आई ऐम सीरियस।

बच्ची : वह कैसे होगा ?

ममी : वह तुम पापा पर छोड़ दो।

बच्ची : *(भूखी बच्ची से)* तुम्हें मंज़ूर है ?

ममी : इसके बाप क़ो भी मंज़ूर होगा।

[भूखी बच्ची पहले की-सी मूक अदाकारी करती है]

बच्ची : इसकी मूवी बनवायेंगे। शी'ल बी ए हिट !

भूखी बच्ची : अब लाओ मेरी मज़दूरी।

ममी : इसके मैनर्ज़ बहुत ख़राब हैं।

पापा : ठीक है, बिटिया का काम हो जाये तो इसकी छुट्टी। हम इसे ऐडाप्ट तो नहीं कर रहे ?

बच्ची : *(उछलकर)* पापा, सच तो इसे ऐडाप्ट क्यों नहीं कर लेते ?

ममी : ओवर माई डेड बॉडी।

पापा : बी सीरियस, बिटिया !

भूखी बच्ची : कर लो ना, पापा ?

ममी : मेरे हस्बेंड को पापा ! तेरी यह हिम्मत !

बच्ची : ममी, वह टीज़ कर रही है तुमको।

भूखी बच्ची : आई ऐम सीरियस। मैं प्रॉमिज़ करती हूँ अपने मैनर्ज़ ठीक कर लूँगी। ज़रा सोचो तो कितने फ़ायदे होंगे। मुफ़्त की नौकरानी मिल जायेगी, और ऊपर से यह सैटिस्फ़ैक्शन कि आपने एक बेसहारा ग़रीब को आसरा दे दिया और अब आपका लाल आयेगा तो मैं उसकी मुफ़्त की आया...

बच्ची : तुम्हें कैसे पता चला ममी प्रेग्नेंट हैं ?

भूखी बच्ची : वह तो अन्धा भी देख सकता है।

बच्ची : लेकिन लाल ही होगा यह कैसे...?

भूखी बच्ची : आजकल दूसरी बेटी कोई नहीं होने देता।

बच्ची : भई, हद हो गयी !

भूखी बच्ची : ऐडाप्ट करवा दो फिर देखो करतब मेरे।

ममी : डार्लिंग, इसका मुँह बन्द करवाओ।

पापा : *(भूखी बच्ची से)* छोकरी, तू होश में तो है !

भूखी बच्ची : अच्छा बाबा, नहीं तो न सही। मैं तो आप लोगों के ही फ़ायदे...

ममी : बस, बस ! बकवास बन्द !

बच्ची : ममी, प्लीज़ !

भूखी बच्ची : मेरी मज़दूरी !
बच्ची : काम तो कम्पलीट हो ले।
भूखी बच्ची : तुम लोग मेरा टाइम वेस्ट कर रहे हो।
बूढ़ा : मेरा भी।
बुढ़िया : मेरा भी।
बूढ़ा : हमें आना ही नहीं चाहिये था।
बुढ़िया : अब वापस जामा मस्जिद जायेंगे कैसे ?
भूखी बच्ची : तो क्या लिफ़्ट भी नहीं देंगे ये लोग ?
ममी : लिफ़्ट, माई फुट ! तुम सब लाट साहब हो।
बुढ़िया : यह औरत सचमुच डाय...
ममी : ख़बरदार !
भूखी बच्ची : *(बच्ची से)* अगर इसने फिर ख़बरदार कहा तो मैं...तो मैं...
ममी : क्या कर लेगी तू, हैं ?
पापा : डार्लिंग, क्यों...
ममी : क्या कर लेगी तू ?
भूखी बच्ची : कहो 'ख़बरदार' और फिर देखो मैं क्या करती हूँ।
ममी : (डर जाती है) डार्लिंग, अब इनकी छुट्टी...
पापा : हाँ, बिटिया, अब इनको जाने दो।
बच्ची : नहीं पापा, तुम ममी को कहीं बाहर...
ममी : पता नहीं, क्या जादू कर दिया है बच्ची पर इन कम्बख़्तों ने !
बूढ़ा : इतने अमीर और पढ़े-लिखे होकर भी जादू-टोने में विश्वास !
बुढ़िया : शर्म की बात है।
भूखी बच्ची : ऊँची दुकान, फीका पकवान !
बूढ़ा : हाथी के दाँत दिखाने के और, खाने के और !
बुढ़िया : खोदा पहाड़ निकली चुहिया।
पापा : बको बत, बुढ़िया !
बुढ़िया : जैसी ममी वैसा पापा !
पापा : मैं कह रहा हूँ बको...
बच्ची : मेरे अच्छे पापा, प्लीज़ बी पेशेंट !

बूढ़ा : हमें हमारी मज़दूरी दो।

बच्ची : थोड़ी देर और रुक जाओ, बाबा, मैं डबल मज़दूरी दिलवा दूँगी।

बुढ़िया : इन कंजूसों से ?

बच्ची : ये कंजूस नहीं।

बूढ़ा : तो मक्खीचूस होंगे!

पापा : बको मत !

भूखी बच्ची : न होते तो खाने को न देते कुछ ?

बुढ़िया : मैं तो कहूँगी यह लड़की भी कंजूस ही है।

बूढ़ा : नहीं तो यही दे देती कुछ।

बुढ़िया : जैसे माँ-बाप वैसी बेटी।

भूखी बच्ची : तीनों के दिल पत्थर के !

बच्ची : तुम भी जा मिलीं उनसे !

भूखी बच्ची : क्यों नहीं ? वो मेरे माँ-बाप बराबर।

पापा : और तुम कह रही थी इसे ऐडाप्ट कर लें !

भूखी बच्ची : बस कह ही रही थी।

बुढ़िया : बग़ल में छुरी, मुँह में राम-राम !

ममी : बको मत, बुढ़िया !

बच्ची : यह बुढ़िया तो सचमुच मुँहफट !

भूखी बच्ची : तुम्हारी ममी से कम।

ममी : ख़बरदार !

भूखी बच्ची : *(धमकाते हुए)* फिर वही लफ़्ज़ !

ममी : *(डरते हुए)* डार्लिंग, इसको...

भूखी बच्ची : मैं डार्लिंग से डरने वाली नहीं।

पापा : बिटिया, अब इन बदतमीज़ों की छुट्टी...

बच्ची : *(बात बदलने की ख़ातिर)* अच्छा, तो यह बताओ कि जब तुम भूखी होती हो तो...

ममी : यह भूखी होती ही नहीं होगी।

बच्ची : ममी, प्लीज़ !

ममी : कूड़ा-कचरा खा लेती होगी।

भूखी बच्ची : कूड़ा-कचरा खायें मेरे दुश्मन !

बुढ़िया : यानी कि तुम !

बूढ़ा : हम कबाब सूँघने वाले भिखारी हैं।

बुढ़िया : लेकिन आज हमें कुछ नहीं मिलेगा।

भूखी बच्ची : आज हम यहीं मर जायेंगे।

बूढ़ा : इन तीनों के सर चढ़कर !

भूखी बच्ची : तीन लावारिस लाशें !

बूढ़ा : इनको नानी याद आ जायेगी।

बुढ़िया : इनकी नानी मर जायेगी।

पापा : बको मत !

ममी : बको मत !

भूखी बच्ची : उन लाशों को भी एस्से में डाल देना।

बच्ची : यार, तुम तो मेरी दोस्त बन...

भूखी बच्ची : अमीर-ग़रीब की दोस्ती नामुमकिन !

बूढ़ा : फ़िल्मों की बात दूसरी।

बुढ़िया : क़िस्से-कहानियों की भी।

भूखी बच्ची : कृष्ण-सुदामा की भी।

बूढ़ा : हम ग़रीबों की मुहब्बत का मज़ाक़ !

बच्ची : पापा, कुछ भी कहो ये लोग हैं इन्टरेस्टिंग !

भूखी बच्ची : हम तुम्हारे खिलौने नहीं।

बूढ़ा : हम भिखमंगे हैं।

बुढ़िया : हमें भीख चाहिये।

बूढ़ा : मज़दूरी न सही, भीख तो दो।

बच्ची : मज़दूरी ज़रूर मिलेगी।

बुढ़िया : कब ? जब हम मर जायेंगे ?

बच्ची : जब मुझे मैटीरियल मिल जायेगा।

ममी : मैं फिर कहती हूँ ये असली भूखे नहीं।

बुढ़िया : ले आओ छुरा !

भूखी बच्ची : इनके नाख़ून छुरे से ज़्यादा तेज़।

बच्ची : क्यों, पापा ये असली हैं या नक़ली ?

पापा : पता नहीं। लेकिन इनकी बातों से अब मुझे भी डर...।

भूखी बच्ची : डरपोक डाकू !

पापा : इस लड़की से सबसे ज़्यादा।

ममी : यह लड़की लड़की नहीं।

बच्ची : अजीब बात है मुझे अभी तक ज़रा-सा भी डर नहीं लगा।

भूखी बच्ची : शेख़ी मत मारो।

बुढ़िया : झूठ मत बोलो।

बच्ची : अब कुछ सवाल। जल्दी-जल्दी। जब तुम भूखी होती हो तो तुम्हारे पेट में क्या होता है ?

भूखी बच्ची : दौड़ते हुए चूहे।

बच्ची : वो चूहे कहाँ से आते हैं ?

भूखी बच्ची : एक मुहावरे से।

बच्ची : नीट ! वेरी नीट !

ममी : यह लड़की भिखारिन नहीं।

पापा : लेट हर कांटिन्यू।

बच्ची : अब मुहावरे के बग़ैर बताओ।

भूखी बच्ची : *(मोमी आवाज़ में)* जब मैं भूखी होती हूँ तो मेरी आँखों के सामने अँधेरा छा जाता है, उस अँधेरे में रोटियाँ नाच रही होती हैं, मेरा पेट पुकार उठता है, हाय रोटी ! हाय रोटी ! और...

बच्ची : और फिर ?

भूखी बच्ची : *(साफ़ आवाज़)* और फिर कुछ नहीं ! इस वक़्त मैं इतनी भूखी हूँ कि यह सब और तुम सबको खा जाने के बाद भी मेरा पेट न भरे।

बच्ची : तुम्हारी हंगर और मेरी ममी की ऐपिटाइट एक-जैसी हैं।

भूखी बच्ची : *(अदाकारी के बग़ैर)* अगर अभी मुझे कुछ खिलाया नहीं तो मैं बेहोश हो जाऊँगी।

बूढ़ा : *(अदाकारी के बग़ैर)* मैं भी।

बुढ़िया : *(अदाकारी के बग़ैर)* मैं भी।

ममी : ये लोग जब से आये हैं धमकियाँ दे रहे हैं। ब्लैकमेलर !

इन्हें सब चलता...

भूखी बच्ची : *(अदाकारी के बग़ैर)* इतनी भूखी तो मैं पहले कभी नहीं हुई।

बुढ़िया : मैं भी नहीं।

बूढ़ा : मैं भी नहीं।

ममी : ये तीनों एक हैं।

बच्ची : ममी-पापा, प्लीज़, नेकराम से कहो इन्हें खाना दे।

पापा : नहीं बिटिया, पहले काम फिर इनाम।

ममी : ये सब ढोंगी हैं।

भूखी बच्ची-बूढ़ा-बुढ़िया : *(एक साथ)* हम भूखे हैं।

पापा : असूल असूल है। मज़दूरी काम के बाद !

बूढ़ा : मज़दूरी न दो, भीख तो दो।

ममी : तुम भिखमंगे नहीं। तुम ऐक्टर हो।

पापा : मेम साब ठीक कहती हैं।

ममी : थैंक्स, डार्लिंग !

बुढ़िया : हम मर जायेंगे !

ममी : कोई मरता-वरता नहीं आजकल। सब मरने का ढोंग रचते हैं।

बच्ची : एक बात पूछूँ आप सबसे ?

बूढ़ा : हमारी जान जा रही है, इसे सवाल सूझ रहे हैं।

बच्ची : मैं भूखों की साइकॉलोजी को भी अपने एस्से में...

भूखी बच्ची : जो पूछना है जल्दी पूछो।

बच्ची : क्या तुम सचमुच हम सबको खा जाना चाहती हो ?

भूखी बच्ची : चाहती नहीं लेकिन खा सकती हूँ।

बुढ़िया : मैं भी।

बूढ़ा : मैं भी।

बुढ़िया : कच्चा।

भूखी बच्ची : हाँ कच्चा !

बूढ़ा : हाँ कच्चा !

ममी : *(घबराकर)* डार्लिंग, कुत्तों को आवाज़ दो !

[कुत्तों के भौंकने की आवाज़ें।]

बच्ची : इनको कुछ दे दो, पापा !

पापा : पहले काम, फिर मज़दूरी। असूल की बात !

बच्ची : पापा, प्लीज़ ! इन्हें कुछ हो गया तो मेरे एस्से का क्या होगा। दे दो कुछ खाने को, पापा, प्लीज़ !

पापा : खाने का डिपार्टमेन्ट ममी का।

बच्ची : ममी, प्लीज़ !

ममी : नेवर ! ये मेरी इंसल्ट करें और मैं इन्हें खिलाऊ-पिलाऊ ? नेवर !

भूखी बच्ची : अपने-आप दे दो नहीं तो...

ममी : फिर धमकी !

बुढ़िया-बूढ़ा : *(एक साथ)* नहीं तो हमारी बद्‌दुआएँ तुम्हें खा जायेंगी।

ममी : सुन लिया ?

बच्ची : बेचारे भूखे हैं।

पापा : ये बेचारे नहीं।

बुढ़िया : *(बूढ़े से)* चलों चलें, यह डायन हमें कुछ नहीं देगी।

बूढ़ा : *(भूखी बच्ची से)* चलो चलें, यह डाकू हमें...

पापा : बको मत !

बच्ची : पापा, ममी, प्लीज़ !

बूढ़ा : बीबी, भीख दोगी तो बेटा होगा !

ममी : वह तो होगा ही।

बुढ़िया : ज़रूरी नहीं।

पापा : बको मत, बुढ़िया !

भूखी बच्ची : यह बक नहीं रही, बद्‌दुआ दे रही है।

बूढ़ा : इसकी बद्‌दुआ कभी ख़ाली नहीं जाती।

बुढ़िया : अब भी वक़्त है।

बूढ़ा : गया वक़्त फिर हाथ आता नहीं।

भूखी बच्ची : पेट भर खिला दो तो बद्‌दुआ वापस !

ममी : अरी हट !

पापा : *(हैरान होकर)* अभी तो भूख से बेहाल हो रहे थे, अब फिर बहाल।

ममी : कह तो दिया ये असली भूखे नहीं।

बच्ची : देखो, यह नाटक छोड़ो। जल्दी-जल्दी जवाब दो मेरे सवालों का। अपनी मज़दूरी लो, इनाम लो, और जामा मस्जिद जाकर एनजॉय करो।

भूखी बच्ची : लेक्चर मत दो, पूछो जो पूछना है।

बच्ची : तो बताओ भूख क्यों है ?

भूखी बच्ची : क्योंकि तुम लोग हो !

पापा : यह भिखारिन है या मार्क्स की बेटी !

बच्ची : आइड्या ! मार्क्स की बेटी का बयान !

पापा : इसका यह जवाब वाकई इंटेलिजेंट !

बच्ची : आपको अपने पापा-ममी याद आ गये ?

पापा : हाँ, बिटिया !

बच्ची : वह तो बात-बात में मार्क्स का नाम लेते होंगे ?

पापा : हाँ बिटिया।

बच्ची : फिर तो पापा, फॉर देअर सेक कुछ दिलवा दो। इसको। बाक़ियों को बाद में।

पापा : अच्छा, बिटिया, मैं इसको कुछ दिलवाता हूँ।

बच्ची : थैंक यू, पापा !

ममी : *(नक़ल उतारकर)* थैंक यू पापा !

भूखी बच्ची : थैंक यू, पापा !

ममी : ख़बरदार !

भूखी बच्ची : तुम ख़बरदार !

पापा : *(भूखी बच्ची से)* आओ मेरे साथ ! *(बच्ची से)* तुम अब इन दोनों से पूछ लो जो पूछना है।

[भूखी बच्ची पापा के साथ जाती है।]

बुढ़िया : छिनाल छोकरी !

बूढ़ा : दे गयी धोखा सबको !

बुढ़िया : लगा गयी चूना डायन को !

बूढ़ा : अब मज़े करेगी !

बुढ़िया : फँसा लिया साहिब को !

मम्मी : क्या बक-बक कर रहे हो !

बच्ची : अब तुम दोनों की बारी है। बढ़िया जवाब दोगे तो पापा तुम दोनों को भी...

बूढ़ा : बढ़िया सवाल पूछोगी, बढ़िया जवाब मिलेगा।

बुढ़िया : जैसा सवाल, वैसा जवाब।

बच्ची : तुम नाटक बहुत करते हो।

पापा : *(लौटते हुए)* उसे दिलवा दिया खाना।

मम्मी : उसे अन्दर अकेली छोड़ आए ?

पापा : नेकराम है ना ? दूसरे सब नौकर भी हैं। अकेली नहीं वह।

मम्मी : सब सफ़ाया कर जायेगी।

पापा : डोंट वरी !

मम्मी : पास खड़े रहना चाहिये था।

पापा : मैंने सोचा तुम दोनों यहाँ अकेली...

मम्मी : वह तो ठीक ही सोचा लेकिन वह लड़की बहुत चालाक है। नौकरों को छल लेगी।

बुढ़िया : मेम साब ठीक कहती हैं।

बूढ़ा : बिल्कुल !

बुढ़िया : वह छिनाल जितनी बाहर, उतनी अन्दर !

बूढ़ा : यह मत भूलो वह मुसलमान है।

मम्मी : खाना किस बरतन में दिलवाया ?

बच्ची : कम ऑन, मम्मी !

पापा : अच्छा तो मैं जाता हूँ। *(जाता है)*

बुढ़िया : अब यह साब पर डोरे डालेगी।

बच्ची : तुम दोनों जैलस !

बूढ़ा : बिटिया भोली।

बुढ़िया : वह लड़की आफ़त की परकाला है।

बूढ़ा : कई घर बरबाद कर दिये उसने।

बुढ़िया : मर्दों का क्या भरोसा, मेम साब !

बूढ़ा : आप यहाँ बैठी हैं और वह साहिब के साथ पता नहीं क्या...

बुढ़िया : भूख तो एक बहाना था।

बूढ़ा : वह लड़की शैतान की ख़ाला है।
बच्ची : पता नहीं ये क्यों भड़का रहे हैं तुमको !
ममी : लेकिन, बिटिया, वह लड़की चंट...
बुढ़िया : चंट भी और चोट्टी भी।
बूढ़ा : गिटपिट करके मोह लेगी साहिब को।
ममी : तुम पहले क्यों नहीं बोले ?
बूढ़ा : उस कमीनी के सामने कैसे बोलते ?
बुढ़िया : वह खा न जाती हमको !
बूढ़ा : देर मत कीजिये, मेम साब।
बुढ़िया : जाकर बचा लीजिये...
बूढ़ा : अपनी इज़्ज़त !
बुढ़िया : अपनी दौलत !
बूढ़ा : अपना घर !
बुढ़िया : अपना मर्द !
बूढ़ा : कमाल है, आपको खाने से ही फ़ुरसत नहीं !
बुढ़िया : मैं जाकर देखूँ ?
ममी : ख़बरदार ! जाऊँगी तो मैं ही लेकिन...
बुढ़िया : लेकिन-वेकिन मत कीजिये, जाइये।
बूढ़ा : नहीं तो बाद में पछताइयेगा !
बुढ़िया : जब चिड़िया चुग जायेगी खेत !
बूढ़ा : साहिब तो जाकर बैठ ही गये !
बुढ़िया : क्या पता, हो क्या रहा है अन्दर।
बच्ची : ममी, जाना है तो जाओ।
ममी : लेकिन तुम यहाँ अकेली इनके पास...?
बूढ़ा : हम इसके दादा-दादी।
बच्ची : ममी, आई कैन हैंडल देम। तुम जाओ।
ममी : लेकिन इन पर भरोसा कैसे करूँ ?
बुढ़िया : तो ठीक है हमें क्या !
ममी : वह छोकरी अन्दर गुलछर्रे...
बच्ची : क्यों भड़का रहे हो ?

बुढ़िया : तू भोली अनजान...।
बच्ची : वह भी तो बच्ची...
बूढ़ा : कहा ना ? वह जितनी बाहर उतनी अन्दर !
बुढ़िया : घाट-घाट का पानी पी रखा है उसने !
ममी : बिटिया, वह बच्ची नहीं, बला है।
बच्ची : पापा भी तो बच्चे नहीं।
बुढ़िया : इसीलिए तो...
बूढ़ा : मर्द ज़ात का क्या भरोसा ?
ममी : *(बच्ची से)* अच्छा तो मैं देखकर आती हूँ। टेक केअर, विल यू ! *(जाती है)*
बच्ची : अच्छा, सब सच-सच बता दो, तुम लोग भिखारी हो या ऐक्टर ?
बूढ़ा : तुम लोगों को यक़ीन क्यों नहीं आता ?
बुढ़िया : हम भूखें हैं।
बूढ़ा : हमारे पेट की तलाशी ले लो।
बुढ़िया : हमारी हड्डियाँ गिन लो।
बूढ़ा : उठाऊँ अपना कुर्ता।
बुढ़िया : उठाऊँ अपनी चोली।
बच्ची : असली भिखारी ऐसी बातें नहीं करते।
बूढ़ा : *(रिरियाकर)* ऐ बेबी ! ओ बेबी ! मेरी बुढ़िया बीमार ! मैं मोहताज भूखा जनम-जनम का।
बुढ़िया : *(रिरियाकर)* ऐ बेबी, मेरा बूढ़ा बीमार, बेचारा मर जायेगा। उसको रोटी...
बूढ़ा : ओ बेबी, तुझे ऊँचा घर मिले।
बुढ़िया : अच्छा वर मिले।
बूढ़ा : ओ बेबी, तेरा एस्से फ़र्स्ट क्लास...
बच्ची : *(हँसती है)* बस, बाबा, बस ! तुम कितने अच्छे ऐक्टर हो।
बूढ़ा : तो हमें किसी थिएटर में भरती करवा दो।
बुढ़िया : अपने पापा से कहकर।
बूढ़ा : हमारे लिए कोई ड्रामा स्कूल खुलवा दो।

बच्ची : यह ऐक्सेंट कहाँ से आया ?

बूढ़ा : जामा मस्जिद से।

बच्ची : मैं नहीं मानती, तुम भिखारी नहीं।

बुढ़िया : हम भूखे हैं।

बूढ़ा : हम बाई गॉड भूखे हैं।

बुढ़िया : भूख से हमारा ख़ून तक सूख गया।

बूढ़ा : ख़ून होता तो हम उसे ही बेचकर अपना पेट...

बच्ची : ख़ून भी बेचा जाता है ?

बुढ़िया : ख़ून भी, मांस भी।

बूढ़ा : जवानी में मैं अपना ख़ून बेचता था, यह मांस।

बच्ची : मैं नहीं मानती।

बुढ़िया : तुम्हारी ममी भी शक्की, तुम भी।

बूढ़ा : दया करो, बिटिया, अब कुछ दे भी दो खाने को।

बुढ़िया : उस डायन के आने से पहले।

बच्ची : लेकिन मैं चोरी कैसे...

[ममी, पापा, भूखी बच्ची आ जाते हैं।]

बुढ़िया : *(भूखी बच्ची से)* खा-फूट आयी तू ?

भूखी बच्ची : हाँ कुछ बचा-खुचा तो मिला।

बूढ़ा : क्यों, मेम साब, कुछ गड़बड़ तो नहीं की इसने ?

बुढ़िया : साब के साथ ?

बूढ़ा : आप वक्त पर जा पहुँचीं ?

पापा : क्या बक रहे हो तुम ?

ममी : बिटिया, इन दोनों ने पीछे कोई गड़बड़ तो नहीं की ?

भूखी बच्ची : *(बच्ची से)* इतनी मीन माँ !

ममी : तेरी यह हिम्मत !

भूखी बच्ची : *(तनकर)* हाँ, मेरी यह हिम्मत !

पापा : यह खा-पीकर और शेरनी !

भूखी बच्ची : अब चुपचाप हमारी मज़दूरी दे दो।

बच्ची : इन दोनों ने अभी काम क्या किया है ?

भूखी बच्ची : तो क्या करते रहे पीछे ?

बच्ची : बस ऐक्टिंग !

ममी : हरामख़ोर !

भूखी बच्ची : गाली मत बको जी।

ममी : बकूँगी, सौ बार बकूँगी। तुम होती कौन हो ? हू आर यू ?

भूखी बच्ची : मज़दूरी दे दो, नहीं तो हम चीख़ उठेंगे ! तीनों ! एक साथ !

पापा : ग़लती की इसे खिलाकर !

ममी : अगर इन लोगों को रोज़ भरपेट मिले तो यह सच हमें कच्चा खा जायें !

भूखी बच्ची : मैं तो तुम्हें मुँह से न लगाऊँ।

पापा : शटाप यू लिटल...!

भूखी बच्ची : अब आप भी गाली बकने लगे।

बूढ़ा : क्या पता, गालियों के बाद गुड़ देकर अपनी आत्मा शान्त कर लें।

बुढ़िया : अगला जनम सँवार लें।

पापा : फिर नाटक शुरू हो गया इनका !

ममी : ये हैं ही ऐक्टर !

बच्ची : *(रुआँसी होकर)* मुझे ऐक्टर नहीं, सचमुच के भूखे चाहियें।

भूखी बच्ची-बूढ़ा-बुढ़िया : *(एक साथ)* हम ऐक्टर नहीं, सचमुच के भूखे हैं।

पापा-ममी-बच्ची : *(एक साथ)* सचमुच के भूखे हो तो हकलाओ।

[भूखी बच्ची, बूढ़ा, बुढ़िया एक साथ हकलाते हैं।]

पापा : भक्त कबीर का दोहा गाओ।

[भूखी बच्ची-बूढ़ा-बुढ़िया–]

चिड़ी चोंच भर ले गयी नदी न घटियो नीर
दान दिये धन न घटे कह गये भक्त कबीर।

ममी : एड़ियाँ रगड़ो।

[तीनों एक-साथ एड़ियाँ रगड़ते हैं।]

पापा-ममी-बच्ची : *(एक साथ)* हाथ फैलाओ।

[तीनों हाथ फैलाते हैं, फिर लपककर हाथों से पापा और ममी की ठोड़ियों को छूने की कोशिश करते हैं।]

पापा : *(पीछे हटते हुए)* अरे यह क्या...?

ममी : *(पीछे हटते हुए)* हटो पीछे...!

पापा : इतनी बदबू !

ममी : बेहोश हो जायेंगे हम !

बुढ़िया-बुढ़ा-भूखी बच्ची : *(एक साथ)* अब यक़ीन आया हम सचमुच के भूखे हैं।

ममी-पापा : *(एक साथ)* अभी नहीं।

बच्ची : मुझे आ गया। अब बताओ भूख क्या है ?

बुढ़िया : भूख भूख है !

बूढ़ा : भूख बॉडी की उस हालत को कहते हैं जिसे बयान नहीं किया जा सकता।

बुढ़िया : भूख एक जानवर का नाम।

बूढ़ा : जिसका मुँह हमेशा खुला रहता है, पेट हमेशा ख़ाली।

बच्ची : वेरी गुड ! वेरी गुड ! बोलते जाओ !

[वक़्फ़ा।]

बुढ़िया : *(गाकर)* भूख आग है।

बूढ़ा : (गाकर) भूख आग गोलियों से बुझ न पायेगी।

तीनों : *(एक साथ)* फैल जायेगी !

बुढ़िया : जेल भेज दोगे...

तीनों : *(एक साथ)* जेल को जलायेगी ! भूख आग है !

बच्ची : क्या ट्यून है !

पापा : *(हैरानी से)* ये लोग तो लेफ़्टिस्ट लेफ़्टोवर हैं।

बच्ची : क्या मतलब, पापा ?

पापा : *(अपनी रौ में)* यह गाना तो मेरे पापा-ममी के ज़माने का है।

बच्ची : वो गाया करते थे ?

पापा : बड़े जोश के साथ ! मज़े ले-लेकर ! सोते-जागते !

बच्ची : तो वो भी लेफ़्टिस्ट लेफ़्टोवर थे ?

पापा : वो लेफ़्टिस्ट थे। हाँ, अगर आज ज़िन्दा होते तो शायद लेफ्टिस्ट लेफ़्टोवर ही कहलाते या लेफ़्टोवर लेफ़्टिस्ट।

पापा : भूख आग है *(नॉस्टेल्जिक लहजे में)* बचपन में मैं भी उनके साथ गाया करता था, मुट्ठियाँ तानकर।

बच्ची : आप भी लेफ़्टिस्ट थे ?

पापा : *(अपनी रौ में)* इसी गाने में, शायद एक और लाइन भी होती थी—कामगार साथ है, किसान साथ है !

भूखी बच्ची-बूढ़ा-बुढ़िया : *(एक साथ)* कामगार साथ है, किसान साथ है ! हो ! भूख आग है !

बच्ची : क्या ट्यून है !

ममी : कहीं तुम भी अपने ममी-पापा की तरह लेफ़्टिस्ट तो नहीं बन जाओगे ?

पापा : डोंट बी सिली, डार्लिंग !

बच्ची : पापा को गुज़रा ज़माना याद आ रहा है।

पापा : मेरे पापा-ममी बताया करते थे अपने कॉलिज के दिनों में वो बीअर पीकर यह गाना गाते थे। सड़कों पर घूमते हुए। मुक्के तानकर।

बच्ची : पापा को अपने ममी-पापा याद आ रहे हैं।

पापा : आज वो ज़िन्दा होते तो...तो...बूढ़े और बुढ़िया की उम्र के होते।

ममी : यह कहने की क्या ज़रूरत थी !

बूढ़ा-बुढ़िया : *(एक साथ)* कामगार साथ है, किसान साथ है, हो !

भूखी बच्ची : भूख आग है !

बच्ची : आप भी लेफ़्टिस्ट थे, पापा ?

पापा : नहीं।

ममी : थैंक गॉड !

बच्ची : क्या आप लेफ्टिस्ट लेफ़्टोवर भी नहीं ?

पापा : नहीं !

ममी : थैंक गॉड !

बच्ची : क्यों नहीं ?

पापा : क्योंकि मैं अपने पापा-ममी की तरह सपने नहीं देखना चाहता था। मैं पैसे कमाना चाहता था। सो मैं बड़ा बिजनेसमैन बन गया।

बच्ची : यानी कि डाकू ?

पापा : हाँ, डाकू !

ममी : इन लोगों के सामने यह सब क्यों ले बैठे ?

बच्ची : लेकिन बचपन में तो आपने भी सपने देखे ही होंगे ?

पापा : हाँ बिटिया !

बच्ची : उन सपनों का हुआ क्या ?

पापा : सब टूट गये।

बच्ची : क्यों ?

पापा : मुझे होश आ गया। पापा-ममी चल दिये। मेरी शादी हो गयी। सारी दुनिया बदल गयी।

ममी : थैंक गॉड !

बूढ़ा : कुछ भी नहीं बदला।

बुढ़िया : सब वैसा का वैसा है।

भूखी बच्ची : भूखे अब भी भूखे हैं।

बूढ़ा : भूड़िये अब भी भेड़िये हैं।

बुढ़िया : भूखो-नंगों की आबादी बढ़ रही है।

भूखी बच्ची : करोड़ों बच्चे कचरे पर पल रहे हैं।

ममी : तो क्या हुआ, पल तो रहे हैं।

बूढ़ा-बुढ़िया-भूखी बच्ची : (उसके पास जाकर) हाँ, डायन, पल तो रहे हैं।

पापा-ममी : ख़बरदार !

बच्ची : कुछ भी हो, ये लोग हैं कमाल के।

पापा : अगर ये लोग सचमुच के भूखे हैं तो ख़तरनाक हैं, कमाल के नहीं।

बूढ़ा-बुढ़िया-भूखी बच्ची : *(एक साथ, नारा लगाकर)* अब हमारी मज़दूरी दो !

पापा : ये तो सचमुच के लेफ़्टोवर लेफ़्टिस्ट हैं।

बूढ़ा : अगर हम वो होते तो हमारी दुनिया भी बदल गयी होती।

बुढ़िया : हमारे पास भी बंगले होते।

बूढ़ा : कारें होतीं।

बुढ़िया : नौकर होते।

बूढ़ा : चाकर होते।

बुढ़िया : मैं डायन होती !

बूढ़ा : मैं डाकू होता !

भूखी बच्ची : मैं भूख पर एस्से लिखती।

बूढ़ा : इसकी भी हिन्दी मैडम होती।

बूढ़ा-बुढ़िया-भूखी बच्ची : *(एक साथ, ममी-पापा के पास जाकर उनके सामने हाथ फैलाते हुए)* हम सचमुच के भूखे हैं। हम असली भिखमंगे हैं !

[पापा-ममी अचानक ऊँघना शुरू कर देते हैं। अगली कुछ पंक्तियों के दौरान उनकी ऊँघ क्रमशः बढ़ती जाती है। लगता है जैसे वे भूखों की सदाओं के साथ-साथ झूल रहे हों। भूखों की निगाहें उन्हें टटोलती रहती हैं। लेकिन बच्ची भूखों की अदाकारी में मस्त हो जाती है, और उसे पता नहीं चलता कि ममी-पापा बेहोश-से हुए जा रहे हैं।]

बुढ़िया : है कोई कर्मी माता !

बूढ़ा : है कोई धर्मी दाता !

भूखी बच्ची : एक जली-भुनी रोटी !

बूढ़ा : कोई फटा-पुराना जूता !

बुढ़िया : कोई टूटा-फूटा बरतन !

बूढ़ा : कोई नुची-खुची हड्डी !

भूखी बच्ची : कोई घिसी-पिसी मूली !

बूढ़ा : एक चुटकी आटा !

बुढ़िया : एक छिलका प्याज़ !

भूखी बच्ची : एक दाना दाल !

बूढ़ा : एक बूँद दूध !

बुढ़िया : एक घूँट लस्सी !

भूखी बच्ची : कोई मैला-कुचैला काग़ज़ !

[सब उसकी तरफ़ यूँ देखते हैं जैसे पूछ रहे हों, काग़ज़ का क्या करोगी।]

भूखी बच्ची : *(दोनों हाथों से अपने साथियों को उकसाती हुई)* कोई मैला-कुचैला काग़ज !

बूढ़ा : कोई फटी-पुरानी किताब !

बुढ़िया : कोई पिचका हुआ डिब्बा !

बूढ़ा : कोई बेकार बोतल !

बुढ़िया : रत्ती भर दया !

बूढ़ा : तोला भर न्याय !

भूखी बच्ची : एक माशा प्यार !

[वक़्फ़ा।]

बुढ़िया : है कोई दयावान् !

बूढ़ा : है कोई धर्मी डाकू !

बुढ़िया : है कोई मर्मी डायन !

भूखी बच्ची : है कोई शर्मी बच्ची !

बुढ़िया : दया धरम का मूल है

बूढ़ा : पाप मूल अभिमान।

भूखी बच्ची : तुलसी दया न छोड़िये।

तीनों : *(एक साथ)* जब लग घट में प्रान्

बूढ़ा : ऊँच-नीच उसी की माया !

बुढ़िया : भूख-प्यास उसी की काया !

भूखी बच्ची : *(गाकर)* दुनिया बनानेवाल़े...

बच्ची : *(ताली बजाकर)* वेरी गुड ! वेरी गुड !

बूढ़ा : लो, ये दोनों तो गये !

भूखी बच्ची : थैंक गॉड !

बच्ची : *(घबराकर)* पापा ! ममी !

भूखी बच्ची : घबराती क्यों हो ? बेहोश ही हुए हैं, मरे तो नहीं।

बच्ची : *(और घबराकर)* बेहोश ! पापा ! ममी !

भूखी बच्ची : तुम तो यार एकदम बुद्धू हो। देखती नहीं, सो रहे हैं। सोने दो सालों को।

बच्ची : गाली मत दो।

भूखी बच्ची : अब हमें मज़दूरी कौन देगा ?

बच्ची : मैं दूँगी।

भूखी बच्ची : कब ? जब हम मर जायेंगे ?

बच्ची : तुम्हारी ममी कैसे मरी थी ?

भूखी बच्ची : भूख से, और कैसे ? बताया तो था ! बुद्धू कहीं की ! बार-बार वही बात !

बच्ची : तो भूख से लोग मर भी जाते हैं ?

भूखी बच्ची : और नहीं तो क्या !

बच्ची : मैं नहीं मानती।

भूखी बच्ची : तुम बुद्धू हो !

बच्ची : *(चौंककर)* अरे ! यह क्या ? पागल हो गये हो ?

[बूढ़ा और बुढ़िया फल मुँह में ठूँस रहे हैं, अपनी झोलियों में डाल रहे हैं, नीचे गिरा रहे हैं।]

बच्ची : गॉश !

[भूखी बच्ची भी फलों पर टूट पड़ती है।]

बच्ची : *(ऊँची सरगोशी में)* ममी जाग उठी तो कच्चा खा जायेगी।

बूढ़ा-बुढ़िया-भूखी बच्ची : *(ऊँची सरगोशी में)* हम उसको कच्चा खा जायेंगे !

बच्ची : गॉश ! तुम वहशी हो।

बूढ़ा-बुढ़िया-भूखी बच्ची : भूख आग है !

बच्ची : पापा जाग उठे तो जेल भिजवा देंगे।

बूढ़ा-बुढ़िया-भूखी बच्ची : जेल भेज दोगे, जेल को जलायेगी !

बच्ची : तुम चोर हो !

भूखी बच्ची : डाकू भले कि चोर ?

बच्ची : तुम बेशर्म हो।

बूढ़ा-बुढ़िया-भूखी बच्ची : भूख आग है !

बच्ची : *(चिल्लाकर)* पापा ! ममी !

[बुढ़िया छलांग लगाकर बच्ची को पकड़ अपने हाथ से उसका मुँह बंद कर देती है।]

बूढ़ा : *(भूखी बच्ची से)* बस झोलियाँ भर लो, खायेंगे बाद में।

भूखी बच्ची : *(बुढ़िया से)* गला न घोंट देना उसका !

बुढ़िया : मैं पागल नहीं।

बूढ़ा : क्यों न इसे उठा ले जायें ?

भूखी बच्ची : पागल हो ?

बूढ़ा : तीन लाख लेंगे तब छोड़ेंगे।

बुढ़िया : टी.वी. बहुत देखता है साला।

भूखी बच्ची : *(बुढ़िया से)* अम्माँ, अब इसे छोड़ दो !

बुढ़िया : यह शोर मचायेगी।

बूढ़ा : अब भागें !

[बुढ़िया बच्ची को छोड़ देती है।]

बच्ची : *(सहमी हुई आवाज़ में, सिसकते हुए)* पापा ! ममी ! हिन्दी मैडम !

भूखी बच्ची : रोती क्यों हो, बेहोश ही हुए हैं, मरे...

बूढ़ा : अब भागो यहाँ से...

[तीनों एक बड़ी खिड़की से बाहर छलाँग लगा ही रहे होते हैं कि पापा-ममी हड़बड़ाकर जाग उठते हैं।]

पापा : कितना बुरा सपना था !

बच्ची : आप दोनों बेहोश कैसे...

ममी : उन लोगों ने कुछ सुँघा दिया होगा।

पापा : तुमने हमें जगाया क्यों नहीं ?

बच्ची : उस बुढ़िया ने मेरा मुँह बन्द कर दिया था, अपने हाथ से।

ममी : मुँह साबुन से धोना होगा।

बच्ची : वह बूढ़ा मुझे उठा ले जाना चाहता था।

पापा-ममी : *(चौंककर)* क्या कहा ?

बच्ची : आपसे तीन लाख माँगना चाहता था !

पापा : ओ माई गॉड !

ममी : उसे जेल भिजवाना होगा !

[बाहर से गाने की आवाज़ 'जेल भेज दोगे, जेल को जलायेगी' !]

बच्ची : वे लोग अभी गये नहीं।

पापा : नौकर सब कहाँ हैं ?

ममी : उस छोकरी ने पटा लिया होगा सबको।

[बाहर से गाने की आवाज़ 'भूख आग है', अब की बार ऐसे लगता है जैसे तीन नहीं तीस लोग गा रहे हों।]

पापा : लगता है नौकर भी उनसे जा मिले।

[बाहर से गाने की आवाज़ 'भूख आग गोलियों से बुझ न पायेगी, फैल जायेगी'...]

बच्ची : ट्यून बुरी नहीं।

पापा : हाँ बिटिया, ट्यून बुरी नहीं।

बच्ची : दादा-दादी याद आ रहे हैं ?

पापा : हाँ, बिटिया !

ममी : शर्म तो नहीं आती ?

पापा : वह भी आ रही है।

[बाहर गाना जारी रहता है, धीरे-धीरे धीमा होता हुआ। ममी-पापा-बच्ची सहमे-सहमे से एक-दूसरे को देखते रहते हैं। पर्दा सरकना शुरू हो जाता है।]

□□□

नाट्य पाठ और प्रतिक्रियाएँ

श्री कृष्ण बलदेव वैद के नाटक 'भूख आग है' के पाठ का आयोजन पिछले दिनों नटरंग प्रतिष्ठान की ओर से साहित्य अकादेमी के सभागार में किया गया था, जिसमें नगर के अनेक प्रतिष्ठित रंगकर्मियों, नाटककारों, कवियों, कथाकारों एवं समीक्षकों ने भाग लिया। श्री वैद ने स्वयं नाटक का पाठ किया और उसके बाद नाटक पर खुली चर्चा हुई जिसे प्रतिष्ठान की ओर से रिकार्ड किया गया। प्रस्तुत है उस परिचर्चा का संक्षिप्त अंश।

नेमिचन्द्र जैन : मुझे यक़ीन है कि इस नाटक को सुनने के बाद आप लोगों के मन में कुछ-न-कुछ सवाल ज़रूर उठे होंगे। आपके विचारों या सलाह या प्रतिक्रिया जानने के लिए वैद साहब उत्सुक हैं।

चरणदास सिद्धू : बहुत अच्छी कॉमेडी है ये। दर्शकों को ज़रूर आकर्षित करेगी। जिस भी शैली में लिखा गया है—लेकिन भाषा पर जो काम किया है वो बहुत वाग्विदग्ध (विटी) है। मेरा ख़्याल है—यह बहुत अच्छा मंचीय नाटक है। हाँ, कुछ चीज़ें ज़रूर हैं, जैसे नाटक में सस्पेंस होना चाहिये और तनाव होना चाहिये। उनका ख़ास ख़्याल रखना पड़ेगा प्रस्तुति में। गतिशीलता लाकर। क्योंकि अपेक्षा क्या है ? पुनरावृत्तीय (रैपेटेटिव) है, लेकिन ऐसे नाटक हैं—फ्रैंच नाटक या एब्सर्ड नाटक, जो इस तरह के हैं। इनमें बहुत सस्पेंस है। इसलिए वैद साहब को बधाई।

मोनिका तनवीर : ये कॉमेडी नहीं है। और किसी भी निर्देशक को इसे मंच पर प्रस्तुत करते समय बेहद सतर्क होना होगा, क्योंकि जो भी कुछ मंच पर घटित होता है वह वास्तव में बड़ा चौंकानेवाला है।

कृष्ण बलदेव वैद : मैं आपसे सहमत हूँ। मुझे अच्छा लगा। लेकिन मैं कोई और विशेषण चाहूँगा। उन्होंने एब्सर्ड शब्द का प्रयोग किया। आपने इसका विरोध किया। मेरा ख़्याल है—उसे कॉमेडी कहने से पहले कोई-न-कोई विशेषण चाहिये। और दूसरी बात यह कि आप ऐसा क्यों सोचती हैं कि इसकी प्रस्तुति के लिये बहुत अधिक सतर्कता की आवश्यकता है। हाँ, यह कठिन ज़रूर है।

मोनिका तनवीर : यह विचार जो इस नाटक के पीछे है। मेरा ख़्याल है कि उसे मंच पर प्रस्तुत करना वास्तव में मुश्किल है। मुझे पता नहीं कितने दर्शक, ख़ासतौर से शहरी दर्शक सहमत होंगे कि...

कृष्ण बलदेव वैद : देखिये, दर्शकों के बारे में अगर हम इस तरह सोचें तो लिखना बंद कर दें, काम करना बंद कर दें। इतना नहीं सोचना चाहिये। दर्शक ! फ़िल्म वाले भी तो यही कहते रहते हैं कि दर्शकों को 'यह' चाहिये और 'वही' देते रहते हैं, वही फ़ीड करते रहते हैं। दूसरी ओर दर्शकों के महत्व को कम भी नहीं आँकना चाहिये। ये हो सकता है कि हमारा दर्शक वर्ग छोटा हो। थोड़े से ! लेकिन अगर हम एक ही तरह का दर्शक वर्ग बनाते रहे तो...

हबीब तनवीर : यह बड़ा मुश्किल है कि किसी नाटक को सुनकर तुरन्त उस पर राय ज़ाहिर की जाये। लेकिन फिर भी ! कई चीज़ें जो हैं बहुत दिलचस्प लगीं। विडम्बना (आयरनी) और भूख का मानवीकरण। और नाटक के अन्त तक आते-आते इप्टा का एक पुराना गीत। मैं सोचता हूँ यह सब एक आन्दोलन की तरह से हो रहा है। अभी मैं उलझा हुआ हूँ इसमें। तो फिर इत्मीनान से, एक और पाठ करने से संभावनाएँ नज़र आयेंगी। यह कहा जा सकता है कि यह नाटक एक शुद्ध रचना है और अनेक स्तरों पर झकझोरता है। स्वागत योग्य है। नयी ज़मीन तोड़ने की कोशिश की गई है। एक नये मुहावरे में। नयी दृष्टि और समस्या को नये कोण से देखा गया है।

कृष्ण बलदेव वैद : शुक्रिया।

अशोक वाजपेयी : नाटक सुनते हुए मुझे यह लगता रहा कि इसे मज़ाहिया तरीक़े से न किया जाये। क्योंकि स्थिति की जो व्यंजना है वह एक ख़ास क़िस्म की माँग करती है। इसमें अभिनेताओं को अत्यधिक कौशल के द्वारा इसके निहितार्थ को उभारना होगा और वे अपने संवाद बोलने के ढंग से स्थिति की विडम्बना को हाथ से न जाने दे, गिरफ़्त न छोड़ें। नाटक में जो बातचीत हो रही है वह ऊपरी तौर पर यथार्थवादी ढाँचा लगता हैं लेकिन वही बातचीत उस यथार्थवादी ढाँचे को तोड़ भी रही है। लेकिन अभिनय के स्तर पर शायद एक-दूसरे क़िस्म का तनाव पैदा होगा। क्योंकि जो बात वह कहेगा उससे शायद लोगों को हँसी आयेगी। धीरे-धीरे हँसी एक तरह की चीख़ में बदलेगी, वह और बात है, लेकिन वह जो हँसी है, उसका जो फ़न (मज़ा) है या वाक्‌चातुर्य है उसको सम्प्रेषित करते समय बहुत संयम की ज़रूरत है। अभिनेता या कि प्रस्तुति उसको फ़ार्स न बना दे। मतलब अगर कोई (मराठी) निर्देशक है तो उसे अत्यधिक सतर्क रहना होगा। यह एक फ़ार्स बन सकता है जोकि वास्तव में यह है नहीं। नहीं होना चाहिये। यह एक गंभीर नाटक है।

हबीब तनवीर : इसका एक और पाठ होना चाहिये। अभिनेताओं के द्वारा। जिन्होंने इसे कई बार पढ़ा हो। फिर वे इसके मूल विचार को उभारे—'आर्केस्ट्रेशन ऑफ़ वर्डस' के ज़रिये। क्योंकि अभी आर्केस्ट्रेशन का प्रभाव नहीं आया।

कृष्ण बलदेव वैद : मैंने भी अभी बिल्कुल तटस्थ भाव से (न्यूट्रल अन्दाज़ में) पढ़ा है।

हबीब तनवीर : स्वाभाविक है।

कृष्ण बलदेव वैद : मैं पढ़ भी नहीं सकता वैसी अदाकारी के साथ, और मैं पढ़ना भी नहीं चाहता था। वैसे यह ज़रूर है कि मुझे भी यह लगता है कि अभिनेताओं को कॉमिक नहीं होना चाहिये। दर्शक ज़रूर हँसेंगे, लेकिन वह व्यंग्य से उपजी हँसी होगी। जैसे मुझे यहाँ भी लगा कि कोई ऐसी हँसी नहीं थी जो खिलखिलाती हँसी हो। ऐसी हँसी जिस पर थोड़ी शर्म भी आये, थोड़ी-सी तकलीफ़ भी हो। और वो प्रतिवर्ती क्रिया (रिफ़्लैक्स एक्शन) भी होगी। तो तो ख़ैर जो भी होगा निर्देशक और अभिनेताओं पर निर्भर करेगा, लेकिन मैं यह ज़रूर कहूँगा कि अगर इसे कॉमेडी समझकर यह सोचा गया कि यह बहुत चल सकता है और एक सफल प्रस्तुति बनेगी,

तो इस तरह की सफलता मैं समझता हूँ कि इस नाटक के साथ अन्याय होगी। कॉमेडी करने का अर्थ है भूख का मज़ाक। ये नाटक भूख का मज़ाक नहीं है। अगर कॉमेडी करेंगे तो भूख का मज़ाक हो जायेगा, सारे अतीत का मज़ाक हो जायेगा। यह अतीत का मज़ाक भी नहीं है और अतीत का उत्सव, नास्टेल्जिया भी नहीं है। यह कुछ और ही है। मतलब विडम्बना पूर्ण आह्वान है—उस अतीत का भी, इप्टा के गीत का भी। उस माहौल का भी। और यह नाटक न तो उसे अस्वीकार करता है और मैं समझता हूँ कि पूरी तरह उसको स्वीकार भी नहीं करता। यह जो स्थिति है, ये एक बिल्कुल चलताऊ कॉमेडी के लिए भी उपयुक्त नहीं है और भूख को सीधा-सादा विषय बनाकर किया जाये तब भी ठीक नहीं है।

शारदा राव : आपने असल में इस नाटक में ज़िन्दगी के पहलू का एक सच्चा ख़ाका खींचा है। मुझे तो इसमें कॉमेडी कहीं नज़र आती ही नहीं। मुझे जो समझ में आता है वह यह कि आपने यह दिखलाने की कोशिश की है कि ज़िन्दगी की सच्चाइयों के प्रति हम कितने असंवेदनशील, उदासीन हो गये हैं। सारी चीज़ है कि आपने ज़िन्दगी के एक पहलू का बिल्कुल सच्चा ख़ाका खींचा है और अगर दर्शक इस पर हँसते हैं तो मुझे ऐसे दर्शकों पर हँसी आती है। इसके मायने यह हैं कि वह समझा ही नहीं कि आप क्या कहने की कोशिश कर रहे हैं। एक तरफ़ इस क़दर उनकी तकलीफें हैं और जिनसे वे कह रहे हैं उन पर रत्ती भर भी असर नहीं पड़ रहा।

कृष्ण बलदेव वैद : आप ठीक फ़रमा रही हैं। वह तो है ही, लेकिन इसमें जो है वह वस्तुतः कुछ और भी है। ग़रीबी पर सीधा (स्ट्रेट फ़ारवड) यथार्थवादी नाटक लिखा जाये या भिखारियों पर भी लिखा जाये तो वो कुछ और होगा। तो फ़र्क कुछ है। फ़र्क उस हँसी में नहीं। फ़र्क उस विडम्बना में है। अगर यथार्थवादी दृष्टि से सोचें तो कौन भिखारी इस तरह की बात करेगा ? वो दोनों तरह की बात करते हैं। कभी वो सच्चे भूखे हैं, कभी वो दूसरे रूप में हैं।

शारदा राव : समाज के दोनों वर्गों का आपने ख़ाका खींचा है, टकराव दिखाया है।

कृष्ण बलदेव वैद : नहीं, टकराव के बीच कुछ और भी है।

शारदा राव : ये मामूली दर्शक के लिए नहीं। उसके तो पल्ले ही नहीं पड़ेगा। वो समझेंगे ही नहीं कि कह क्या रहे हैं ?

कृष्ण बलदेव वैद : नहीं ! वेटिंग फ़ोर गोदो। पहले वह जेल में हुआ। जानते हैं, वह उसकी बेहद सफल प्रस्तुति थी, जब कि वह नाटक बौद्धिक वर्ग के उस समय तक पल्ले ही नहीं पड़ा था।

अज्ञात श्रोता : मैं एक छोटी-सी बात कहूँगा। आपने जो इसमें टकराव दिखाया—भूखों का और अमीर का—टकराव तो ठीक दिखाया, लेकिन अन्त में वे जो भूखे हैं वो उन्हें क़ायल (कन्विंस) नहीं कर पाते। और वो क़ायल नहीं कर पाते तो खाने को नहीं देते। अन्त में वे लूटपाट करते हैं। तो अगर आप उनको क़ायल करवा देते तो ज़्यादा अच्छा होता।

कृष्ण बलदेव वैद : क़ायल तो मैं खुद ही नहीं हो पा रहा। (सम्मिलित हँसी) हल देना तो बड़ा आसान है।

अशोक लाल : पहले तो आपको बहुत-बहुत मुबारक। बहुत दिलचस्प नाटक था। मैं इस बात की चिन्ता कम करूँगा कि दर्शकों की प्रतिक्रियाएँ क्या होंगी। मुझे लगता है कि अगर इसका पहला हिस्सा—अन्तराल तक का—अगर वो कॉमिक दर्जे पर नहीं है तो वो कुछ भी नहीं है। अगर वो कॉमिक नहीं है तो बहुत एकरसता लिये हुए है। और जो दूसरा हिस्सा है, उसमें टकराव में बहुत मज़ा आया। लेकिन मेरा मानना है कि जो कहा जा रहा है वह कहा नहीं जा सका। कुछ है जो इसमें रह गया। अब वह क्या है, मुझे नहीं मालूम। लेकिन मुझे लगता है कि कितने सारे कोने जो आपने छेड़े वो रह गए।

कृष्णा सोबती : जी, आपने कहा कि कुछ कोने रह गए। मैं कुछ कहने का लोभ संवरण नहीं कर पा रही। मुझे लगा ऐसे नाटक को मैं इस तरह नहीं कहूँगी। मैं सिर्फ़ नाटक के कथ्य पर बात कर रही हूँ। इस नाटक में शब्दों के पीछे जो मौन हैं वो शायद इसके मन्तव्य को ज़्यादा उजागर करेंगे। और जो इसका तनाव है वह इस वक़्त सुनने से कहीं-न-कहीं ज़रूर विकीर्ण (डिफ़्यूज) होता है। वह शायद कसावट भरे वाक्विधान (टाइट पंक्चुएशन) से ज़्यादा सफलता से उजागर होगा। मुझे लगता है कि इसके शब्दों के बीच की ख़ामोशी बहुत महत्त्वपूर्ण है। मेरा ख़्याल है जब इसे पढ़ रहे थे तब भी आपने इसे महसूस किया होगा।

कृष्ण बलदेव वैद : नहीं, मैं तो बिल्कुल ऐसे पढ़ रहा था जैसे कहानी पढ़ते हैं।

हबीब तनवीर : नहीं, वो पढ़ने में भी होगा। मैं सहमत हूँ इस बात से। मैं एक बात कहना चाहता हूँ। यह जो मैंने कहा था कि इस नाटक को अभिनेता दो-तीन बार पढ़कर फिर उसका नाट्य पाठ करें तो अभिनय करके या जोश से न पढ़ें। वैद साहब ने बहुत अच्छी तरह पढ़ा है। लेकिन वह जो शब्द स्वर संधान (आर्केस्ट्रेशन) है—तीन आवाज़ों में, चार आवाज़ों में, तो फिर नाटक ज़्यादा समझ में आता है। दूसरी ओर बिना भावावेश के अगर अभिनेता और निर्देशक उसका पाठ करें तो यह उनके लिए बहुत बड़ी चुनौती होगी और उन्हें वह शब्द स्वर संधान (आर्केस्ट्रेशन) बिना भावावेश के करना चाहिये।

कृष्ण बलदेव वैद : तो आप यह सुझा रहे हैं कि इस नाटक की प्रस्तुति का पहला चरण यह होना चाहिये ?

हबीब तनवीर : हाँ, शायद !

कृष्ण बलदेव वैद : बिना निर्देशन के ?

हबीब तनवीर : नहीं, एक संवेदनशील निर्देशक जो निर्देशन ज़ोर से न थोपे। वो उसका परीक्षण (ट्राइआउट) करे अभिनेताओं में। एक नेपथ्य शाला जैसी स्थिति (ग्रीन रूम सिचुएशन) में। और आप उसमें शामिल हों। तो बहुत अच्छा हो।

कृष्णा सोबती : एक बात और ! सुनते हुए मुझे लगा कि जब आप अन्त तक पहुँचते हैं तो आप नाटक की उद्घोषणा कर रहे हैं। तो वह स्थिति ऐसी है जब आप दर्शकों के ज़्यादा नज़दीक हैं अन्त में। वह बहुत साफ़ तरीक़े से कह देता है, जो कुछ आप सोच रहे थे। नाटक के अन्त की ओर। हो सकता है, मैं थोड़ी ग़लत होऊँ, पर मुझे ऐसा लगता है।

अशोक वाजपेयी : मुझे लगता है कि नाटक सुविचारित रूप से संभवतः दर्शक वर्ग को विभाजित करने का प्रयास करता है। काफ़ी कुछ ब्रेश्ट के नाटकों की तरह। और मेरा ख़्याल है कि यह इस नाटक के अन्तर्व्याप्त रचना कौशल के अनेक सूत्रों में से एक है। यह दर्शक वर्ग को विभाजित करता ही है। मेरे विचार से यह पूर्णतः युक्तिसंगत है। मुझे यह भी लगता है कि इस नाटक में यथार्थवादी और पारम्परिक शैलीबद्धता के बीच एक ख़ास क़िस्म का तनाव है, जिसे शायद आप भारतीय शब्दावली में लोकधर्मी

और नाट्यधर्मी कहना उचित समझें। हमें इस नाटक के इन दो पहलुओं के बीच के तनाव की अभिव्यक्ति के लिए एक विशेष सौन्दर्यशास्त्रीय चातुर्य और कौशल की खोज करनी होगी क्योंकि इसमें भाषाशास्त्रीय स्तर पर अनेकानेक सूक्ष्म स्तर पर अनेकानेक सूक्ष्म विभेद हैं। अर्थात् यह नाटक काफ़ी हद तक शब्दाश्रित है और इसमें शब्दों की भाषा को लेकर एक खेल खेला जा रहा है। एक ओर तो यह यथार्थवादी नाटक-सा प्रतिभासित होता है, दूसरी और इसके साथ-साथ यह अन्ततः यथार्थ पर एक गहरी टिप्पणी भी करता चलता है। इसलिए इसके निर्देशक के लिए यह अनिवार्यता होनी चाहिये कि वह किसी नाट्य युक्ति या चातुर्य एवं नाट्य-कौशल के द्वारा उस तनाव का अनुभव कर सके और पूरी शिद्दत से उसे सम्प्रेषित कर सके।

हबीब तनवीर : भाषा शास्त्रीय के साथ-साथ मैं इसमें स्वर-विज्ञान (फ़ोनेटिक) भी शामिल करना चाहूँगा।

नेमिचन्द जैन : मेरी एक प्रतिक्रिया है। नाटक की शुरुआत ही एक तरह की विडम्बना से होती है कि एक अमीर परिवार की बच्ची 'भूख की तलाश' एक निबंध लिखने के लिए कर रही है। इसलिए इसमें जो स्तर हैं उस भूख के प्रति उनकी संवदेनाओं के, उनकी प्रतिक्रियाओं के, वे बहुत सारे हैं। उस परिवार के अन्दर ही तनी अलग-अलग स्तर हैं। और परिवार से बाहर के जो तीन लोग और आते हैं उनके भी तीन अलग-अलग स्तर। सेंसेबिलिटी के, संवेदना के अलग-अलग स्तर ! और उसी के कारण भाषा के बहुत सारे स्तर नाटक में मौजूद हैं। जो निर्देशक हैं वे शायद बेहतर बता सकते हैं, लेकिन मुझे सुनकर ऐसा लगा कि कई रूपों में यह नाटक एक तरह की चुनौती हमारे नाटक की प्रस्तुति के लिए भी है और नाटक लिखने के काम के लिए भी है। इसमें एक ख़ास तरह की पुनरावृत्तियाँ (रैपीटीशन्स) हैं। पर मुझे लगता है कि वे बहुत सोचे और समझे हुए, ख़ास असर के लिए की गयी पुनरावृत्तियाँ (रैपीटीशन्स) हैं। और वो बहुत खूबसूरत लगे मुझे। कुछ जगह तो बहुत प्रभावशाली लगे। मैं समझता हूँ कि जब इसको दुबारा पढ़ा जाये, या पढ़ा जायेगा, अभिनेताओं और निर्देशक के द्वारा, या कोई एक निर्देशक पढ़ेगा, या उसके सामने पढ़ा जायेगा तो इसमें से बहुत सारी संभावनाएँ ज़रूर पैदा होंगी। मैं समझता हूँ कि यह